JN186016

2030年の世界エネルギー覇権図

アメリカの新戦略を読み解く

上念 司／グループ新霞ヶ関

飛鳥新社

はじめに（解説）

どうして秀才が集まるとバカになるのか？

陸軍大学、海軍兵学校を優秀な成績で卒業した軍官僚は、バカではない。しかし、そういう秀才が集まってできた大本営はクズだった。おかげで尊い命がたくさん失われた。

そもそも、対米開戦という極めて間違った判断をしたエリートたちも、当時の秀才中の秀才たちである。しかし、今考えてみれば極めてバカな判断をしてしまった。

もちろん、元朝日新聞記者の尾崎秀実《ほつみ》のようなソ連のスパイやそのシンパの流す偽情報に踊らされた者もいただろうし、近衛首相の側近だった風見章《かざみあきら》のように国粋主義者に偽装した共産主義者もいただろう。秀才たちは対米開戦によって祖国が敗北し、共産主義革命によって背後を襲われるというスターリンのシナリオに気付かなかったのだろうか？　現場の官僚からはそういった情報はたくさんもたらされていたのに、政府中枢の秀才たちはそれを無視してしまった。バカである。

最近では、東芝、三菱自動車と立て続けに大企業の不祥事が起こっている。偏差値の高い大学を出たエリートを集めた大企業が、どうして組織ぐるみで粉飾決算や排ガスデータの偽装を行うのか？　あれだけたくさん社員がいて誰も気づかなかったのか？　それほど彼らはバカだったのか？　もちろん、秀才はバカではない。むしろ、個々人は極めて優秀だし、有能だ。ところが、集団になるとバカになる。なぜなら、集団には「バカをバカといえない空気」があるからだ。その「空気」のせいで、目の前でバカな議論が行われ、誰もそれを止めることができない。大変残念ながら、「空気に勝てない」という問題は、戦前の大本営、政府中枢から最近不祥事を起こした大企業まで、この国に続く永遠のテーマなのかもしれない。

では、現代の日本の官僚は大丈夫なのか？　私は霞が関に勤めた経験はないが、伝え聞く範囲で言わせてもらえば、やはり彼らも「空気」の問題に直面している。東京オリンピックのスタジアム建設を巡る一連のドタバタ劇を見ればわかる通り、バカなことをバカといえないカルチャーは健在だ。

しかし、集団になるとバカになる官僚でも、組織を離れれば元の秀才に戻る。その中には、情報を収集、分析する能力に長けた人も多い。本書は、役所の利害や地位をいったん棚の上に置いて、官僚が個人の能力を存分に発揮して書いた本である。サッカーで喩《たと》えるなら普段はドイツ型の管理サッカーをやっているチームのプレイヤーが、チームを離れて南米型の個人技を中心としたサッカーをやるようなものだ。組織の看板を背負っていたら絶対に言えないこと、普段は思っていても「空気」の壁に押されて言えないことを存分に書いてもらった。

例えば、確証が取れない情報を前提として行う最悪の危機管理シミュレーションや、現行の憲法解釈上許されない解決策、そして、日本人が一番タブー視する原子力の問題など、普段なら絶対に口にできない話題のオンパレードである。

どうも日本には言霊《ことだま》信仰というのがあるらしく、最悪の場面を想定してそれに備えるための議論をすることが許されない。最悪の場面を想定することは、そういう悪いことを現実に引き寄せてしまうと考えられているようだ。だから、憲法9条に戦争放棄と書いておけば戦争が起こらないと本気で信じているおめでたい人が未だにたくさんいる。だったら、憲法に「台風来るな」と書いておけばいい。

かつて、原発の安全神話に対して行われた批判はまさにこれだった。例えば、3・11前に原発で新たな安全対策を実施しようものなら、「これまではずっと危険なまま放置していたのか！」との批判が沸き上がっただろう。より大きな地震を想定して対策することはむしろ危機管理上はリスクの低減を目指すものであるのに、以前の対策の不備を攻撃するという何とも無意味な反原発運動が行われていたのである。いや、これは過去のことではなくて今でもまったく変わらない話だ。

エネルギーがなければ人は生きていけない。日本の安全保障とは、エネルギーの輸入ルートの確保とほぼ同義と言っていい。特に、石油は未だに経済の血液である。これは動かしがたい事実だ。だから、我々は石油の確保について、危機管理的な観点で常に最新の情報をアップデートし、検討を加えなければならない。なぜなら、日本が石油の輸入の8割を依存している中東地域は、政治的にも、軍事的にも極めて不安定な状態にあるからだ。

現在のシリア及びイラクを巡る情勢はまさに戦前の日本を泥沼の戦争に引き込んだ支那問題と同じである。要するに「何でもアリ」の状態だ。

軽率にもアメリカが支持したアラブの春によって各国政府が弱体化した。その隙をついて、様々なイスラム原理主義勢力、部族勢力、クルド人などの民族勢力が台頭している。特に、シリアをめぐる情勢はまさに泥沼化という表現がぴったりだ。アサド政権、IS（イスラム国）、クルド人勢力、イラン、ロシア、アメリカ、EU、トルコ……など国際政治の主要なプレイヤーまでもが戦力を投入している。まさに一触即発の状態だ。

昨年9月のロシアによるシリア空爆開始に世界は驚いたが、今年3月のロシア「電撃撤退」はさらなるサプライズだった。トルコ軍機によるロシア軍機撃墜で露土関係が「開戦寸前」まで悪化したかと思ったら、エルドアン大統領が突然謝罪して、ロシアと雪解けどころか仮初《かりそめ》の同盟関係までできてしまった。これを「何でもアリ」と言わずして何という？

かつての戦争は中東戦争やイラン・イラク戦争のように国家間の争いだった。しかし、現在シリア、イラク、エジプトの一部やリビアなどで進行中の戦争は、国家ならざる武装勢力による戦争である。中東地域はもともと政情不安定な状況が続いていたが、今は国家のグリップが効かなくなっているため、以前よりも危険が増していると言っていいだろう。

さらに、混乱状況を治める力の欠如という問題がある。かつてアメリカも中東の石油に依存していたため、中東の政情安定とシーレーン防衛は安全保障上の重大な課題だった。しかし、シェールガス革命により、アメリカが世界最大の産油国になると、それらの優先順位は下がる。そして、タイミングの悪いことにリベラル派のオバマ政権が誕生し、公然と「世界の警察官を辞める」と宣言してしまった。これはただでさえアラブの春で弱体化した中東各国にボディブローのように効いている。ノーベル平和賞を受賞したオバマ大統領は、皮肉なことに中東地域の不安定化を招いたのだ。

本書を執筆した官僚諸君はこの状況をよく理解している。そして、未確認情報も含めてあらゆる角度から問題を検討し、一つの結論に至っている。この点について、私も論理的な帰結としてそうなることには納得せざるを得なかった。

詳しくは本書を最後まで読んでいただきたいが、簡単に言うとその結論とは、「中東をアテにしなくてもいいオプション」に関するものだ。それは、中東以外の産油国との友好関係の構築であり、準国産エネルギーである原子力発電所の再稼働に関する検討であり、長期的な自然エネルギーへのシフトに関するきわめて現実的な施策など多岐にわたる。ぜひ詳しくは本文をお読みいただきたい。

日本という国には、明日も今日と同じ日が来るだろうと信じている人がたくさんいる。残念ながら、世界はそうなっていない。いま激動する世界情勢の中で何の備えもなく、危険な状態を危険だと認識できなくなっている人は、本当に危機が発生したときどうなるのか？

ソ連に武装解除され、帰国を待つ日本人引揚者には数々の悲劇が襲った。通化《つうか》事件においては、非武装の日本人数千人が支那共産党によって虐殺された。武装せざる、備えなき国家の国民には悲劇が襲う。この悲劇を繰り返してはならない。

「備えあれば患《うれい》なし」

この言葉の重みを噛みしめて、本書を最後までお読みいただければ幸いである。

平成28年8月31日　経済評論家　上念　司

2030年の世界エネルギー覇権図　目次

第二章
米中ロ新冷戦と中東紛争　イラン 対 サウジアラビアの今後

第五章 激動する世界で、日本はどうなるか 脱化石燃料と脱原発の近道

第一章

エネルギー覇権のゆくえと第三次世界大戦

ラマダン波状攻撃

2015年11月にイスラミック・ステート（以下ISと表記）の犯行によるパリ同時多発テロ事件を、ローマ法王フランシスコ一世が評して、「これは第三次世界大戦の一環です」と述べたことは、まさに衝撃的だった。

それを証明するように、翌2016年の6月から7月にかけての「ラマダン（断食）」期間中、世界はテロの波状攻撃に襲われた。5月21日、ISがインターネット上の声明で、欧米を主な標的とする「ラマダン期間のテロ」を呼びかけると、アメリカのフロリダ、トルコのイスタンブール国際空港、マレーシアのクアラルンプール、バングラデシュのダッカ、イラクのバグダッドやサウジアラビアで次々とテロ攻撃が発生、合計で450人以上の死者が出たのだ。

まず6月12日、米フロリダ州オーランドの同性愛者向けナイトクラブ「パルス」でISに忠誠を誓う男が銃を乱射、死者49人、他多数の負傷者が出る事件が起きた。銃社会のアメリカでも史上最悪の銃撃事件と、ホームグロウン（自国生まれの犯人による）テロとなった。

実行犯はニューヨーク生まれでフロリダ在住のアメリカ人、オマル・マティーン容疑者(29歳)。両親はアフガニスタン出身だという。同容疑者は犯行直前、日本の110番にあたる911番に電話を入れ「俺はISへの忠誠を誓っている」と叫んだ。事件後にIS関連の通信社「アーマク」は「ISの戦闘員により銃撃戦は実行された」とする記事をネットで発信した。容疑者は犯行の前後、フェイスブックに「おまえたちはわれわれを空爆し、無実の女と子どもを殺している。今度は『イスラム国』(IS)の報復を味わえ」「真のムスリムは汚れた西側のやり方を決して受け入れない」「米国とロシアはISへの爆撃をやめろ」などと連続して書き込みをしていた。

オバマ大統領は事件後の会見で「これはテロ行為であり、ヘイト(憎悪)行為だ」と激しく非難し、さまざまな情報を元に「一方的にISに傾倒した末の犯行ではないか」とも述べた。

2001年、世界貿易センタービルに飛行機を激突させ死者3025人を出した9・11テロ事件を薄めたような攻撃が、世界中で同時多発的に起きるようになった。敵は非政府組織(NGO)や個人の国際的なネットワークである。ISと裏で密接なつながりを疑われてきたトルコやサウジ、さらにISに参加する若者を送り出しているマレーシアやバングラデシュでも、ISのテロ攻撃が発生するようになった。

トルコの最大都市イスタンブールのアタチュルク国際空港で6月28日夜（日本時間29日未明）、タクシーで乗りつけた武装テロリスト3人による銃撃と自爆テロが起き、45人が死亡、200人以上が負傷した。自爆した3人はロシア南部や中央アジアの出身であり、チェチェン出身でISの幹部だったアフメド・チャタエフ容疑者が犯行を指揮したと報じられている。この事件で当局に逮捕された30人以上のうち半数の15人はロシア人やアゼルバイジャン人など外国人で、チャタエフ容疑者が率いる旧ソビエト出身者のネットワークが背後にあると指摘されている。

同じ28日、マレーシアの首都クアラルンプールのナイトクラブに手榴弾が投げ込まれ、8人が負傷した。当局はシリアの過激派組織「イラク・シリア・イスラム国（ISIS）」のマレーシア人戦闘員、ムハンマド・ワンディ・モハメド容疑者の命令で実行されたと断定。マレーシアでIS絡みのテロが実行されたのは初めてで、事件に関係して実行犯とされる男2人を含む15人が逮捕された。うち2人は警察官であるという。

7月1日にはバングラデシュの首都ダッカの各国大使館が集まる地区のカフェが、武装グループに襲撃された。実行犯は、「アッラーは偉大なり」と叫びながら爆弾を爆発させ、数十人の人質をとって警察と銃撃戦を展開。翌日朝に治安部隊が突入し、犯人5名が射殺された。この事件の死者は28人、うち17人は日本人7名を含む外国人だった。犯行グループの多くは裕福な家庭出身のバングラデシュの若者であり、ISの傘下組織「バングラデシュのイスラム国」が犯行声明を出した。

7月3日にはイラク首都バグダッドのイスラム教シーア派が多数を占める地区で自爆攻撃が発生、死者数は292人にのぼり、2003年のイラク戦争開始以降最悪となった。さらに7日にはバグダッドの北のシーア派の廟《びょう》で3件の自爆攻撃と銃撃が発生し、ラマダン明けの祝祭行事に集まっていた少なくとも35人が死亡、60人以上が負傷した。いずれの事件もISが犯行声明を出している。

7月4日にはサウジの聖地メディナを含む3都市で3件の自爆テロが連続して発生、少なくとも4名が死亡した。5日のラマダン最終日を控えて、多くの巡礼者が集まっていた中での攻撃だった。

世界は改めてISとの「戦争状態」を思い知ったわけだが、すでに2015年11月13日のパリ同時多発テロ（死者130人、負傷者352人、フランス戦後最悪のテロ事件）で非常事態宣言発令後、マニュエル・ヴァルス首相は「フランスはテロリストとイスラム過激派との戦争に突入した」と国民議会で演説したことは記憶に新しい。その後も2016年1月14日にはインドネシアの首都ジャカルタ中心部で自爆テロと銃撃が起き、市民2人と犯行グループ5人が死亡。3月22日にはベルギーのブリュッセル国際空港と、欧州連合（EU）本部などがある官庁街の地下鉄駅で連続爆弾テロが起き、計34人以上が死亡、約200人が負傷した事件のいずれも、ISが犯行声明を出している。

テロ攻撃で混乱を深める中東と世界情勢。新しい戦争はパリやベルギー、フロリダやイスタンブールのように、世界中の都市で突然起きる可能性がある。しかもインターネットで随時触発され、煽られた小組織や個人の武装テロ犯が、無抵抗な市民が集まった場所（ソフトターゲット）に自在に攻撃を仕掛ける。いつどこで誰が襲ってくるか、予測が難しい敵と戦わなければならない。

筆者は、ローマ法王の言葉とこれらの連続テロによって、すでに第三次世界大戦は始まっており、アメリカは新しい戦争への備えを進めていると見る。アメリカの仕掛けとイギリスのEU離脱、米ロ対立などの今後の動向を踏まえ、さらに次のように断定する。

「アメリカは世界に混乱を起こして、絶え間ない戦争状態を作り出し、覇権を維持する」

こう言うと、大抵のテクノクラート、国際アナリスト、外交評論家は、そんな馬鹿な話はないと即座に否定するだろう。唯一の超大国・アメリカの地位は低落し、すでに衰退が見えている。もはや多元化・多極化の時代だ……。

しかし、冷静に考えると、アメリカの絶対的な国力は低下しても、世界を紛争で不安定にすることによって相対的な優勢を保つことができる。世界の警察官から降りた代わりに、混乱を広げることで他国を戦争に巻き込み、力を弱めて掣肘《せいちゅう》し、競争的優位を確保する。

その有力な武器が、エネルギーである。

これは筆者が霞が関の内外に作り上げてきたネットワークを駆使して情報を集め、分析して、専門であるエネルギー分野を軸に立てた結論だ。どうしてそう言えるのか。冷戦後の世界の真実をひとつずつ、ひも解いていこう。

世界は常にエネルギー争奪戦。アメリカは巧みに利用する

まず、ここ30年ほどの間に起きた世界の大きな戦争や紛争を検証してみると、常にエネルギーをめぐる利権争いや対立が戦争の背後にあったことがわかる。しかもアメリカがストーリーを描いて仕掛けてきたものばかりだ。アメリカが手を突っ込まなければ、中東は

ここまで混乱していなかったことだろう。

ＩＳの混乱を生み出した元凶は、２００３年にアメリカがフセイン政権を打倒するために起こした、イラク戦争とその戦後処理の失敗である。

２００１年9月11日、アメリカで悲劇的な同時多発テロ事件が発生。犠牲者は３０００人を超えた。第一報を伝えたイラク国営放送は当時のフセイン大統領の意向を代弁するかのように、「アメリカのカウボーイがこれまで犯してきた人道への犯罪に対する果実だ」と酷評した。これで当時のブッシュ政権は、世界有数の石油資源国イラクに戦争を仕掛けると腹に決めたという。ブッシュ側近で強硬論を唱えたのはポール・ウォルフォウィッツ国防副長官、リチャード・パール国防省国防政策諮問委員長で、イラクの政権転覆を狙った軍事行動を取るべきとの見解が政権内で優勢となった。ブッシュ大統領は２００２年初頭の一般教書演説で「悪の枢軸」発言を行い、イラク、イラン、北朝鮮は大量破壊兵器を保有するテロ支援国家である、と名指しで非難した。

特にイラクに対しては、長年要求し続けた軍縮の進展の遅さと、大量破壊兵器を所持する疑いがあると攻撃理由をあげつらい、国連の査察を受け入れるよう迫った。武装解除を遵守する〝最後の機会〟を与えるとする国際連合安全保障理事会決議が全会一致で採択されたのだ。

筆者は、アメリカ強硬論の真の狙いはイラクの石油資源を得ることと、軍産複合体が戦争を渇望したことだったと見る。

その理由を以下に述べたい。

中東の将来への布石

石油の一大産出地域である中東に戦乱を生じさせ、原油価格を上昇させる。図1の市場での値動きを見れば一目瞭然だが、原油価格はイラク戦争をきっかけに大きく上昇し、その後も青天井の高騰を続けた。2016年初の下落で1バレル20ドル台をつけても、ようやくイラク戦争当時の水準に戻っただけである。このことを日本人の多くは見落としている。さらに、当時世界第三位の埋蔵量のイラクの油田地帯を、反米のフセイン独裁政権が支配しているのは石油メジャーにとって好ましくなく、なんとしても押さえたかった。

ジョージ・W・ブッシュ大統領はもともと、石油業界で生きてきた人間だ。

彼が30歳の時、テキサス州に「アルブスト・エネルギー」という石油採掘会社を設立し

出所：石油連盟資料より筆者作成

た。ブッシュ家は、祖父の代から石油業界と深くかかわってきたのだ。

しかも一時、このブッシュの石油会社に資本参加した人物の中に、9・11を主導したウサマ・ビン・ラディンの兄がいたことはよく知られている。ラディン家とブッシュ家はその時まで30年近くも、もちつもたれつの深い関係にあった。深い関係の両者が9・11で世紀の激突となったのだから、そこには我々がまだ知らない暗闘や裏切りがあった可能性が高い。

それが最近のアメリカのサウジ離れとイラン接近にまで尾を引いているのであるが、ブッシュ家を含む石油業界関係者にとり、イラク戦争後の原油価格の高騰は大きな利益を

図1　原油価格の推移(月平均)

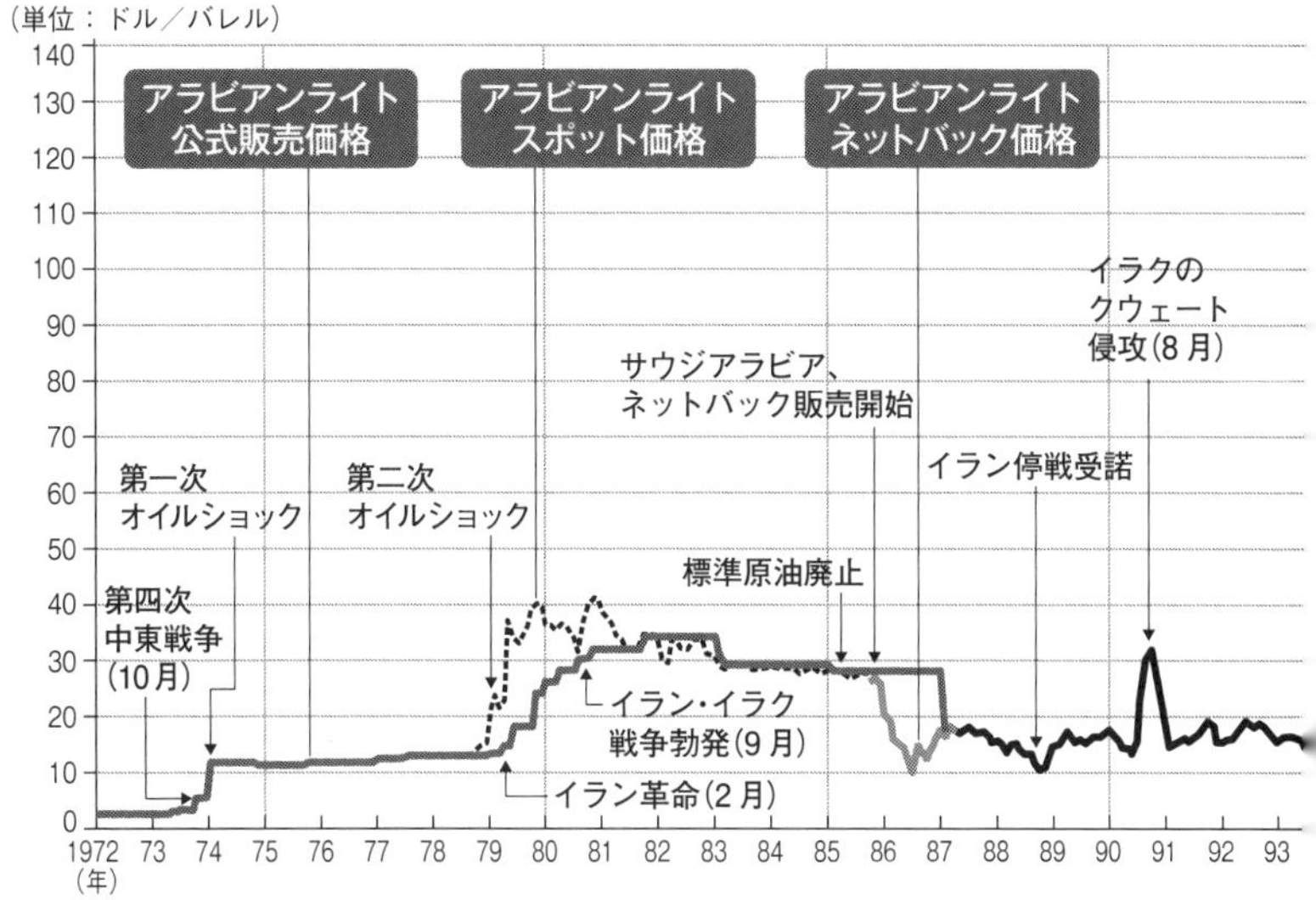

もたらした。アメリカには、巨万の富を築いたロックフェラー一族が石油財閥であるように、エネルギー長者がごろごろいる。石油成金のイラクとはスケールが違う。市場価格の変動は、まず需給動向で決まる。戦争が起これば、価格上昇は当たり前だ。しかし、1バレル130ドルまで値上がりしたのは、明らかに金融資本の投機的な動きの産物である。資源利権を押さえれば、価格の乱高下で金融筋も儲けることができる。

　もう一つは、アメリカ軍需産業の圧力である。産軍複合体は兵器の大量消費のため、定期的な戦争を渇望する。大量破壊兵器の疑いをかけて開戦したが、後になって大量破壊兵器など、どこにもなかったことが多くの証言で示され、アメリカの「仕掛け説」はもはや明白となった。われわれは、アメリカの狙いどおりに「戦争」に踊らされたのだ。

さらに後から判明したことは、イラクは石油輸出の決済をドル立てからユーロへ移行することを決定していた。これが実現すると、アメリカドルの世界基軸通貨としての地位が揺らぎかねなかったので、早めに潰したわけだ。

しかし、アメリカは自国通貨を唯一の国際決済通貨とすることで、経済成長のためにドル安を誘導し、双子の赤字を抱えてきた。国民に借金させて消費を無理やり増やし、財政赤字を増やして納税者に負担を強いてきた側面は否めない。しかし世界の経済事情が変わって、これだけドル安が進むと、借金体質も限界ということで、湾岸産油国などには、新たな決済通貨を黙認するとほのめかしているという。産油国も、アメリカのドルの価値がなくなるほど、埋蔵されている原油の価値も下がるから、保険は多いほうがいい。

アメリカはかつてのように決済通貨を代える国を潰すようなことはしないが、それでも圧力を加えてくるのは間違いない。制裁解除後のイランでは、原油の輸出を始める際、一部をユーロ決済にするという。それをアメリカは看過するのかが注目される。

イラクの石油を押さえるのは誰か

ブッシュ大統領の父親、シニア・ブッシュ大統領がイラクと戦った91年の湾岸戦争も、石油をめぐる戦争であり、軍産複合体が望んだ戦争だった。

1990年8月、イラクは突如としてクウェートに侵攻した。イラクにすれば、クウェートはイギリスが勝手に作った国で国境もはっきりしない。しかも最も質の良い油田を押さえていた。反米親ソのイラクにとり、米英に守ってもらっているサウジやクウェートは許しがたい存在だった。

クウェートと同じくらい奇襲に慌てたのはサウジである。イラクがクウェートを併合すれば、当時アメリカへの最大の石油輸出国で友好国だったサウジも直接、イラクの脅威にさらされる。

サダム・フセインは、クウェート侵攻後をどう読んでいたのか。頼りにしていたソ連が、国連安保理などでイラク制裁に反対するとタカをくっていた節もある。ところが、当時のソ連の指導者は冷戦に終始符を打ちたいゴルバチョフ書記長。アメリカとの協調路線を守るため、米英のイラク進攻に目をつぶってしまった。

91年1月に湾岸戦争が始まったが、当時を知る元国連関係者はこう回想する。

「アメリカやイギリスは、まず多国籍軍を派遣させる口実づくりで広告代理店、PR会社に大金を積んで仕掛けました。覚えていますか、石油タンクが破壊され水鳥が油まみれになって動けなくなるシーンの映像を。欧米メディアは一斉にイラク軍の空爆でクウェートの施設が破壊されたという設定で流したのです。ところがあれは、アメリカの空爆による破壊の映像でした」

そのほか、アメリカ議会で医療施設がイラク軍に破壊されたり医療機器が持ち去られたりしたというニュースも流された。自民党関係者はこんな反省もする。

「当時クウェートにいた少女が、イラク兵が医療施設にきて赤ちゃんを床に叩きつけたなどとアメリカ議会で告白しました。これにはアメリカ議会の議員も涙を流して怒り、米軍の派遣を許可、さらに34か国の多国籍軍が投入されました。当時日本には自衛隊を派遣する枠組みも法整備もできていなかったため、おカネを出す以外にありませんでした。最初は10億ドル（1300億円）でしたが、アメリカは、兵も出さないのにたったそれだけのカネで済むと思うのかと猛反発、日米安保見直しや、日本から米軍を引き揚げるとまで騒ぎ出した。そのため当時の小沢一郎自民党幹事長は最終的に当時135億ドル、当時の日本円にして約1兆7000億円もの資金を拠出したのです。しかも原油価格が上昇した余波で日本のバブルは崩壊、経済はメチャクチャになりました」

しかし、かなり後になって、汚染の水鳥だけでなく、米議会での少女の証言もすべてアメリカの広告会社と政府が仕組んだデッチあげだったと判明した。日本は米英の石油利権の尻馬にのせられ、2兆円近いカネを拠出させられたあげく、二度と経済の活気を取り戻すことはできなかった。

多国籍軍は「砂漠の嵐」「砂漠の剣」作戦でイラク軍を敗走させた。アメリカの軍需産業は、ハイテク戦争を試してみたかった。ピンポイント攻撃でゲームのようにイラク軍を撃破する映像をCNNが全世界に中継し、新しい戦争にソ連、中国は衝撃を受けた。アメリカ軍需産業は性能を実戦で確かめられた上に、巨額の在庫を処分できたことは言うまでもない。

そしてブッシュ家は、まさに親子二代にわたりサダム・フセインと戦争をした結果、原油価格の高騰で莫大な利益を得た。アメリカは巨大なウソで敵も味方も騙し、エネルギー利権と軍需産業が儲けるために、どんな手でも使ってくるのだ。

近現代の世界史はエネルギー資源の争奪戦だった。

かつてのアメリカやイギリスでは、セブンシスターズという国際資本メジャーの石油会社が国を左右するほどの強大な力を持っていた。しかし今は、アメリカにエクソン・モービル、シェブロンがあるが、世界の石油を動かしているのはサウジアラビアを中心としたOPEC、そしてサウジにあるサウジアラムコ、ロシアのガスプロム、ペトロチャイナ（中国）、北海油田を擁するBP（イギリス）などが有力となっている。

国家は今も壮絶なエネルギー資源の争奪戦を展開している。だが石油資本はもはや、アメリカという国を支える最大の柱ではない。つまりエネルギー資源利権を戦略兵器として、どれだけ強いアメリカを維持できるかが勝負なのだ。

今日のアメリカを支えるパワーは何か。専門家は「三本の柱」があるという。ひとつは、イラク戦争でも証明された軍事力を生み出す産軍複合体（軍需産業）。第二はウォール街の巨大金融資本、そして三つめは移民労働者だ。特にこれら移民労働者の中でもスペイン語を話し、メキシコや中南米から入ってくる「ラティーノ」たちのパワーが増している。今や選挙で彼らを無視しては当選が覚束ないといわれるほどだ。インターネット世代の新中道と移民層を合わせると、有権者の3分の1を占めるという。今後さらにその数は増え、

2060年にはアメリカの人口の約30％を占めるとされる。

中でも軍需産業は共和党寄りといわれるが、政府関係者の見方は違う。

「ベトナム戦争は民主党のケネディ、ジョンソン大統領が起こした。終結させたのは共和党のニクソン。共和党のレーガン大統領時代は米ソ冷戦時代で軍拡に巨費を投じた。湾岸戦争とイラク戦争を起こしたブッシュ親子は共和党。オバマだって中東やアフガンで大々的な空爆作戦を実施してきた。軍産複合体は両党に深く浸透している」

二つめの巨大金融資本とは、JPモルガン、ゴールドマンサックスなど巨大投資銀行、ウォール街を牛耳ってきた人たちだ。イラク戦争以降の資源価格の高騰と、リーマンショック以降の下落で、巨大な利益を手にした。彼らは相場が上がっても下がってもかまわない。政権から情報さえ得られれば儲けるチャンスになるから、どの政党にも近づく。

三つめの移民労働者は、労働組合などに大きく勢力を伸ばし、どちらかといえば民主党寄りである。WASP（アングロサクソンのプロテスタント）といわれた白人優位が終わり、共和党はますます大統領を出すことが難しくなっている。ただし、新移民の彼らは、軍事力の行使に消極的な大統領を求めているわけではない。世界のスーパーパワーとしての「強いアメリカ」が続くことを強く望んでいる。でなければ移民してきた意味がないからだ。

これら三本の柱が、アメリカの新しい戦争を支えていく。

アメリカは長年、エネルギー資源の中東依存から脱却できなかった。そこで、石油利権や資源争奪戦のイニシアチブを確保するため、戦争を故意に仕掛けてきた。そうした中東依存の事情は欧州もアジア諸国も同じであった。

アメリカは世界一のエネルギー大国に

ところが今、アメリカだけが、中東のくびきから解放されつつある。アメリカは世界一の産油国となり、原油輸出国に転じようとしている。

アメリカには世界最大のロシアに次ぐ、約581億バレル（ロシアは世界一で758億バレル、中国は3位で322億バレル）という、とてつもないシェール埋蔵量があることは、1800年代のかなり早い段階から分かっていた。だが採算的にも技術的にも採掘不可能とされていた。それが2000年直前、採掘技術の飛躍的進化でにわかに採掘が可能となった。

アメリカの原油産油量は1946年以降、徐々に下がり続けて、2010年にはサウジ、ロシアについで世界第3位だった。しかし2015年6月、オイルメジャーBPが公表した報告書は、世界最大の産油国、サウジアラビアとロシアに衝撃を与えた。

2014年の産油量は、アメリカが日量1164万4000バレル、サウジが1150万5000バレル、ロシアが1083万8000バレルと、ついにアメリカが世界一の産油国となったというものだ。

「その最大の理由は頁岩《けつがん》といわれる堆積岩の層から採掘される天然ガス、シェールガス採掘の技法を生み出し、採掘に成功したからです。そしてガスと同時にシェールオイルも採掘され、新しい資源を確保しました。大量採掘の継続は環境問題で難しいなど、問題点も指摘されていますが、アメリカは自信満々。今後のシェールの動向が世界中の資源国をゆさぶり、また世界経済の流れを大きく変えようとしています」と語るのは国際経済アナリスト。

さらに2016年7月6日、ノルウェーの調査会社（Rystad Energy）の試算で、石油の埋蔵量はアメリカが2640億バレルと、ロシア（2560億バレル）やサウジ（2120億バレル）を抜いて世界一位であると報道された。この会社のCEO（最高経営責任者）は「10年前は誰も、このような結果になるとは、夢にも思わなかっただろう」と述べ、未開発のシェールオイルが埋蔵量の約半分を占めていると明らかにした。

この報道でいう埋蔵量一位が真実かどうかは問題ではない。そうやって広く報道されることによって、世界のエネルギー地図が大きく塗り替えられようとしている、との印象を与える「アナウンス効果」が重要なのだ。世界各国や各社がそれを織り込んで動くようになることで、アメリカに有利な戦略的状況が生まれる。そこが狙いである。

原油安はサウジの対アメリカ・シェールオイル対策、そしてイラン対策

まず、世界的な原油安の流れが止まらなくなった。

2016年4月、サウジアラビア石油省関係者などから6月の石油輸出国機構（OPEC）総会で増産凍結について議論するとの発言が伝わり、生産調整への思惑が広がった。取引の中心が6月物に移り、水準が切り上がったのもあって一時44・49ドルと期近物としては約5か月ぶりの高値を付け回復基調にあったが、一時的という見方が強い。

なぜなら2016年6月上旬、ウイーンで開かれたOPEC総会では、日量3000万バレルを上限に生産調整しようと、サウジアラビアやベネズエラが主張したが、欧米の経

済制裁から解放されたイランは強く反対、結局合意できなかった。このことから、イランを中心に増産競争が始まり、一時的に落ち着いた原油価格は再び下落し、同7月には再び30ドル台をつけた。資源価格は総体的に弱い基調にあることに変わりはない。

原油価格下落の背後で、何が起きていたのか。

ニューヨーク原油先物相場は2016年1月に、1バレル＝26ドル台まで暴落、過去最大級の下落幅を記録し、オイルマネーは十数年ぶりの地獄を見た。それもそのはず、2年前100ドルだった原油が5分の1まで急落したのだ。最低80ドルで企業経営や国家運営を計算していた人々は、入るはずのお金が泡のように消えてしまった。世界経済がおかしくならないほうが不思議だ。

この原油安の原因には二説ある。岩瀬昇氏の解説によれば(『原油暴落の謎を解く』13―18頁)、第一の原因は中国経済の大減速だ。中国のGDPの2015年の伸びは対前年比7％を切る。中国政府は、「GDPは6％台で、さして大きく落ち込んではいない。堅調だ」と強気の姿勢を崩してはいない。だが中国ウオッチャーは「6％は対外的張り子の虎」として、実態は0％を指摘する声さえある。中国経済にブレーキがかかったことで世界経済が大きく失速、後退し、世界の原油需要が予想以上に落ち込んでいる。

第二に、サウジの動向だ。世界の原油価格を牛耳る世界最大のカルテル、石油マフィアのOPEC（石油輸出国機構）の中でも最大の調整役がサウジアラビアだ。サウジの石油相は「いまOPECとして生産量を削減することは、非効率な原油に、効率の良い我々の原油が、市場シェアを明け渡すことになる。そんな理不尽なことはしない」と発言、原油価格が暴落しても産油量を減らさない姿勢を強調した。背景には生産量が急増するアメリカのシェールオイルや、メキシコ湾の深海や北極海、ブラジル沖のプレソルト（岩塩層下）からの原油が、今後世界中に輸出される懸念が浮上したために、サウジのシェアを維持する思惑があったとみられる。

加えてサウジには、欧米から2016年1月に制裁解除された天敵・イランへの敵愾《てきがい》心もある。減産して原油価格を高くすれば、イランの経済を助けてしまう。それを阻止したい。原油価格暴落でサウジも含めた産油国の財政状況が悪化し、アメリカ・シェール業界とイラン、サウジアラビアの競争が激化した結果、産油国の政府系ファンドが日本やNY、上海などの株式市場から資金を引き揚げる動きを加速させ、これが世界同時株安をもたらした。

そもそもアメリカは世界第3位の産油国ながら、国産原油の輸出を長く禁止していた。

エネルギーアナリストがこう解説する。

「アメリカ産原油の禁輸は1975年に始まりました。その背景は1974年10月、イスラエルとエジプト・シリア連合の間で第4次中東戦争が勃発したためです。アラブ石油輸出国機構は、加盟国産原油の対米禁輸を発動し、このため第一次石油ショックが世界的に起こりました。そこでアメリカは対抗措置として自国の原油の輸出を禁止しました。それが今日まで継続してきたのです」

ところが2015年に米議会上院は、原油輸出解禁を盛り込んだ2016会計年度歳出法案を、賛成多数で可決した。オバマ政権は当初、輸出解禁に反対したが、風力発電と太陽光発電、育児税額控除の延長と引き換えに、輸出解禁をめざす共和党に譲歩して、40年ぶりの解禁となったのだ。

シェールオイルという宝の山を掘り当てて、世界最大の産油国となったアメリカの原油業界。だが、国策が「禁輸」ということで、国際マーケットに出ていけなかった。共和党を説得したのはアメリカの石油メジャーとされる。国内でだぶついていた原油を輸出しなければ、石油メジャーやシェール業関係者の台所は将来、苦しくなるばかりだ。

さらにシェールオイルは、中西部の従来型世界一の品質と言われるWTI（ウェスト・テキサス・インターミディエイト）市場と競合した。このためWTI原油価格の低下傾向も顕著になった。

つまりこれまで、アメリカ産WTI原油は、長い間、海外の原油相場と連動してきた。それがシェールオイルの大増産でアメリカの原油輸入が激減。2010年ころからサウジや英国、ロシアなどの国際原油価格から疎外され、国際マーケットから孤立しだしていた。

しかし、アメリカ産原油が輸出可となったことで、今度はシェールオイルも含めたアメリカ産原油が国際市場に大量に出回る懸念が、サウジアラビアなどの産油国の間に広まった。

「この動きにサウジは危機感を抱いたのです。このままシェールオイルが大量に海外に輸出されれば、かつてオイルショックで欧米メジャーから奪い取ったスウィング・プロデューサーの地位が危ない。この地位を護るにはシェールの採算点1バレル＝80ドルより低くコントロールしてシェール業界をぶっ潰せばいい。だから生産調整はしない。じゃんじゃん掘り続けろ。かくして1バレル＝20ドル台という恐るべき価格になったのです」（石油業界関係者）

そして、アメリカのシェール業者は多くが倒産、あるいは倒産寸前だ。しかしすべてがサウジの思惑どおりにはならない。したたかなアメリカオイル業界、シェール業界の生き残りについては、後章で記す。

サウジを脅かす、もうひとつの原油安の原因、イラン。新たなキープレイヤーとしてイランが世界産油市場に大きな影響を与える可能性が高まっている。

イランはこれまで、過去の核開発に伴い欧米から経済制裁を受けてきたが、2016年1月に制裁は解除された。イランは原油確認埋蔵量世界4位の産油国。経済制裁の解除で、「これからはどんどん原油を増産して売る」と、すでに輸出拡大を目指すことを公言している。

世界の原油市場は2015年末四半期で日量約170万バレルの供給過剰状態。これまでイランの原油生産量は、経済制裁の影響から、日量約300万バレルに留まっていた。ところが経済制裁解除の措置を受け、イラン政府はすでに産油量を1日あたり50万バレル増やすよう指示を出している。

本来、原油価格は量が増えて供給過剰になれば、OPECの中心国サウジアラビアの音頭で生産調整を行い、価格をコントロールする。ところがサウジアラビアと宗教的に対立するイランが経済制裁から復帰、増産すると、これまで大きな調整役を担ってきたサウジアラビアの役割が弱体化する懸念が出てきた。そのため、サウジアラビアは本来、原油価格の低下に歯止めをかけるために、15年度中に減産指示を出すべきだったが、出せなかった。いや前述したように出さなかったのだ。

こうした要因が原油安に拍車をかけた。原油価格の下落は、産油国サウジアラビアの経済を直撃、窮地に陥らせようとしている。何しろサウジアラビアの財源の約75％が石油関連の収入だ。そのため原油安の影響で、２０１６年のサウジアラビアの国家予算は10兆円を超える財政赤字に陥るという。こうした事態を受けた同国政府は、水道や電気料金などへの補助金見直しを迫られている。

知人のエネルギーアナリストがこう言う。

「これらの非常事態を受けて、サウジ国営石油企業のサウジアラムコの新規株式公開を検討しているとのこと。サウジアラムコが民間企業になれば、ＯＰＥＣを牛耳ってきたサウジアラビアのスイング・プロデューサー、いわゆる原油の調整弁的役割が非常に弱まるのは必至です」

つまりサウジアラビアはアラムコを新規株式上場（ＩＰＯ）することで、当座、喉から手が出るほど欲しいキャッシュ10兆円を手に入れることができる。しかし、一方で一私企業になったアラムコの弱体化はまぬがれず、原油価格の下落を食い止められない。蓋を開けてみれば、サウジはどんどん追い込まれ、背に腹を代えられないほどカネ詰まりを起こしていく。

もっとも、それも織り込み済みで動いているのがサウジアラビアだと、穿《うが》った見方をする別のエネルギーアナリストもいる。

「サウジアラビアは、これまで儲けに儲けて、その外貨準備高は8000億ドルから9000億ドル（日本円にして100兆円前後）あるといわれている。だから1、2年程度なら、アメリカのシェール業界とイラン潰しのためのチキンレースを続けても勝つという思惑があります」

しかし、ここまで原油安が続くと、世界中の経済が狂ってしまう。サウジも自分の国だけのことを考えていればまだ体力が続くが、さすがに世界から孤立しかねない。そのため、2016年2月に重い腰をあげ、産油量の調整に乗り出すそぶりを見せた。OPECのサウジアラビア、ベネズエラ、カタールとOPEC非加盟のロシアは同月中旬に緊急会合を開き、各国の生産量を2016年1月の水準で据え置くことで合意したのだ。

その条件は他の主な産油国が足並みを揃えること。つまりイランが納得することだ。そのため直接イランと対立しないOPECメンバー、ベネズエラとカタールの担当閣僚が、説得のためにイランを訪問した。

イランのザンギャネ石油相は会談後に「市場安定のためOPECの加盟国と非加盟国が生産の上限を維持する決定を支持する」と語ったが、イランが賛同し減産するかどうかは明言を避けた。イランは日量50万バレルの増産を決めたばかり。さらに数か月後には100万バレル増産も目論む。

前記したように、イランの原油生産は日量280万バレルと、米欧が制裁を強化する前の2011年の4分の3に落ち込んでいた。これが同国の経済をひっ迫させていただけに、制裁解除後は、国内経済を立て直すため、増産を明言していた。その結果どうなったか。

最新のデータがある。CNNによれば、国際エネルギー機関（IEA）は6月までに、イランの今年5月の原油生産量は日量約364万バレルと、2011年6月以降では最速の増産ペースになっていることを明らかにした。

イランの原油生産量は昨年末以降、日量73万バレル増えた計算となる。この増量幅は石油輸出国機構（OPEC）加盟国の中では最多である。海外輸出も拡大しており、今年5月の海上輸送に限れば日量約260万バレルを記録。昨年11月比ではほぼ3倍の水準となった。この輸出攻勢は増産分と既存の備蓄分の吐き出しに支えられている。

イランのザンギャネ石油相は最近、原油生産量は1日当たり380万バレルを超えたと主張。イラクと国境を接する南西部の油井の生産量がほぼ3倍になったことも明かしていた。しかし、これほどの増産ペースは早急に生産力の上限に達し、停滞に直面する可能性が高い。この課題を克服するには老朽化した油田や関連施設を更新するため、豊富な経験と技術力を持つ欧米企業からの投資が不可欠となる。

イラン政府は、2021年の原油生産量を日量480万バレルとする目標も掲げている。このため新たな原油開発関連契約の指針に基づき、少なくとも700億ドル（約7兆2800億円）規模の新規投資を呼び込むことを期待している。

しかし、IEAは最良のシナリオが実現したとしても生産量は410万バレルと予測し、経済制裁が再び発動されず、相当な規模の外資と技術が集まる場合との前提条件も付けている。専門家は原油生産や販売に関するイランの現状の勢いが今後も維持され、さらに強まるのか、見極めは難しいと指摘。データによると、イラン原油の3分の1は中国向けとなっている。中国は原油価格の低迷を利用し備蓄分を増やしているとみられる。この他の主要輸出先はインド、韓国、日本となっている。

しかし、イラン政府が新たな原油関連取引の詳細の明示に手間取っているため、欧米のエネルギー関連企業の間で不満が高まっているとの情報もある。イラン側の足踏みの背景には「国内対立」があるともいわれ、ハリバートン社など米系企業との契約締結は油田施設サービス関連の職種を押さえる革命防衛隊隊員の利権を脅かすから、との見方もある。イランが望む外資が集まるかどうかは、新たな取引指針の内容次第とされている。

これに対し、サウジとロシアの生産はそれぞれ日量1000万バレル以上と過去最高に近い。イランに不利な〝現状維持〟では、イラン国内の不満が高まり、イラン指導者たちの弱腰を非難される恐れもある。

ただ、OPECとの協調を頭ごなしに拒否すれば「原油価格が回復しないのはイランが協力しないからだ」との国際批判を浴びかねない。原油価格がこれ以上下落すれば、イランが増産しても結局、増収効果が出なくなる恐れもある。エネルギーアナリストが言う。

「今まではやりたい放題のサウジやロシアが、ここで増産を凍結することが重要。加えてイランに何らかの有利な条件を示せば、イランも妥協点を提示してくる可能性が高い」

イランはベネズエラなどとの会談を「最初のステップ」と述べ、今後の交渉に含みを残している。このままポーズで終わってしまうのか、国家の存亡をかけた駆け引きが続く。

さらにイランがＯＰＥＣとの交渉の余地があると思われる点は、生産設備の老朽化だ。前述した50万バレルの増産を決めたことで、従来の２８０万バレルと合わせて３３０万バレル。エネルギー関係者の間では「イランの設備では３６０万バレルが限界」という説が根強い。これを新設備に更新するには数兆円規模の設備投資費が必要で、その資金を稼ぐ意味でもイランは何らかの妥協をし、比較的高い価格で協調路線を採ることが必要になる。

長引く原油安で、サウジなどストックがある国でも、他の産油国も経済的に耐えられなくなりつつある。ベネズエラなどではスーパーに食料品がひとつもなくなり、薬もミルクも店頭からすべて消えてしまった。ＯＰＥＣのサウジ友好国は、もがき苦しんでいる。

サウジ対策はＩＳ対策でもある

そして、原油安の背後に見え隠れするのが、ＩＳの存在である。

事情はかなり複雑なのだが、サウジアラビアが原油安に誘導するもうひとつの理由がＩＳ対策だ。元米政府関係者が極秘情報をこう明かす。

「もともと、アメリカもサウジアラビアも、シリアのアサド政権と戦うＩＳを密かに武器とカネで支えていたと言われているのです。ところが、あっという間に巨大化したＩＳはアサド政権と戦うだけでなく、欧米をもテロの対象としはじめた。そして宗教的にも資金面でも、裏で支えていていたサウジアラビアに牙をむき、サウジアラビアの君主制国家の破壊を狙い、テロを仕掛ける気配です。これに慌てたアメリカとサウジは、これまで密かに支援してきたことを隠して、空爆を始めたのです」

ＩＳの動きは、国家対国家という従来の戦争とは異なり、アメーバのように国境をやすやすと越えるポストモダン戦争の形態をとる。今やパリやブリュッセル、そしてドイツ、いたるところで現体制に不満を持つ若者を吸引し、テロを起こしている。その勢力拡大のための資金源となっているのは、彼らが略奪した石油だ。

先の元米政府関係者によると、

「イラクやシリアで石油のパイプラインを押さえたＩＳは、最高で月４０００万ドル(40億円)を稼いだという。彼らは国際価格より必ず安く販売するのでよく売れる。闇の買い取り先は主にトルコ、シリアにいるといわれるが、最終的にはアジアにＩＳの石油が輸出されている。サウジアラビアにしてみれば、価格決定権をＩＳによって弱められかねない。アメリカは国際秩序を破壊され、テロを仕掛けられている。これは潰すしかなくなった。つまり自分たちが生み出した鬼子が大きくなって手がつけられなくなったので、まず資金源を細らせるためにも原油価格を急落させる必要があった。つまり、サウジのＩＳ対策でもあるのだ」

トルコの「コウモリ外交」の闇は、別の章で詳述するが、同じ元政府関係者はアメリカの立場をこう形容する。

「オバマはアフガンとイラクから撤退したが、アメリカの軍産複合体はＩＳを対象にしたもっと大がかりな戦争を仕掛けたい。場合によっては地上部隊も展開したい。それが自分たちの利益にもなるし、アメリカや欧州の利益にもつながる」

アメリカには、もうエネルギー資源を中東に依存する心配はない。そうではなく、ＩＳを潰さなければ、これまで世界を近代国家という秩序で仕切ってきた欧米の価値観が否定され、９・11以上のテロを仕掛けられかねない恐怖がある。新たな軍事作戦で軍需産業を潤し、さらに資源価格の急上昇とその後の下落に伴う金融資本の儲けを狙う。そうなれば、おのずと米経済は好転し、労働組合や「ラティーノ」も潤うことになり、アメリカの三本柱はより強固になる。

つまりアメリカ人の話を総合すれば、新たな戦争を仕掛けないとアメリカの安全が維持できないという名目で、局地紛争への介入がいよいよ仕上げに入りつつあるということだ。

アメリカは9・11テロの後、イラクやアフガニスタンから撤退し、昨今は大幅な軍事費の削減で、大規模な軍事作戦は二度とできないと思われていた。しかし、筆者の見方は異なる。つまりイラク戦争が終わってからも、アメリカはイスラム過激派からテロの対象にされ、対テロという名の新しい戦争を闘ってきた。元政府関係者はこう述べる。

「9・11まで情報機関は世界各地で無意味な作戦を仕掛け、アメリカ内部からも『やりすぎ』と鼻つまみ者になりつつあった。例えばイラン・コントラ事件がそうだ。しかし、彼らが再び暗躍するきっかけになったのがイスラム過激派の台頭と、テロとの戦いだ。その最初のピークは9・11を引き起こしたウサマ・ビン・ラディンの殺害だった」

つまり「テロとの戦い」が情報機関を復権させたのだ。その例としてビン・ラディン殺害までの経緯を見てみよう。

2011年2月頃、CIAはパキスタンの首都イスラマバードから約60キロ北東にある地方都市アボタバード郊外の厳重に警護された邸宅に、ビン・ラディンが潜伏しているとの証拠を得た。レオン・パネッタCIA長官は、統合特殊作戦コマンド司令官であったウィリアム・マクレイヴン海軍中将に連絡を取り、また情報はオバマ大統領にも報告された。

2011年3月から4月末日にかけ、極秘の国家安全保障会議が開催された。オバマ大統領は4月29日に作戦決行の許可を出す。作戦名は「ネプチューンスピア（海神の槍）作戦」。ビン・ラディンが潜んでいた邸宅は情報機関により、構造から間取りまで、すべて透視画像のように調査済みだった。

2011年5月2日、アメリカ軍による作戦が開始される。これに参加したアメリカ海軍の特殊部隊ネイビー・シールズ（NavySEALs）を中心とした約15人は、シールズから派生した対テロリスト特殊部隊「DEVGRU」のメンバー。隊員たちは情報担当のCIA要員が同乗するステルス型UH60ブラックホークヘリコプター2機とCH47チヌーク2機に分乗、ビン・ラディンとその家族がいると推定された建物の敷地内にロープをつたって降下、急襲。ウサマ側近が応戦したが、約40分の銃撃戦ののち邸宅を制圧した。ウサマ・ビン・ラディンは、頭部と胸部を撃ちぬかれ死亡した。

つまり本稿の立場からすれば、第三次世界大戦の芽は、まさに9・11のテロとの戦い以降、情報機関を中心に生まれ、ビン・ラディン殺害で本格的に始まったといえる。つまり国と国がぶつかりあうものから特殊作戦へ、ネット盗聴などで情報を集め、特殊部隊やドローンが実行する局地戦に変わってきた。しかも相手のトップや中心部隊をピンポイントで攻撃・無力化する方法だ。

新たな戦争は〝リベラル派〟とされるオバマ大統領時代に方針が確立され、方法論が固まったことを忘れてはならない。そこでビン・ラディンやアルカイダに代わる、次のターゲットになったのがＩＳである。

ＩＳとの戦争を正当化するため、かつての油まみれの水鳥や少女の偽証言のようなプロパガンダ、核テロや大量破壊兵器の〝証拠〟など、あらゆる準備が刻々と進められているはずだ。オバマ大統領が退任し、不動産王トランプとヒラリー・クリントンのどちらかが勝者になった時、祝勝の花火のように火の手があがるかもしれない。いずれにしても新たな戦争が刻々と近づいている。

繰り返すが、ＩＳを潰す最大の理由は、彼らが石油掘削プラントを不法に手中にし、その売却益で肥大して、アメリカをテロの対象にしかねない化け物に進化したからだ。新たな戦火は、ＩＳが勢力圏を広げる中東地域から起きるだろう。

資源小国で、くわえて現在、原発が軒並みストップしているため、発電エネルギーを原油と天然ガスに大きく依存している日本。一日１００億円の国費が化石燃料を輸入するために消えているこの国にとって、原油安は「砂漠のオアシス」のようなものだ。しかし、ひとたび中東で戦火が起きれば、かつての湾岸戦争と同じく地獄の淵に追い込まれ、飲み込まれかねない。具体的にはホルムズ海峡とペルシャ湾封鎖の危機だ。

経済危機によってアベノミクスは雲散霧消するだろう。安倍内閣も退陣に追い込まれる。国内経済が堅調だとしても、海外市場の不安定に端を発した円高株安により、一時2万円を突破した日本の株式市場は1万円に限りなく近づく。内閣支持率は経済の低迷を反映して降下する。これで世界同時株安や金融機関の破綻が再発したらどうなるか。政権のみならず、日本経済の阿鼻叫喚《あびきょうかん》が聞こえるようだ。

世界経済は危機の瀬戸際にある。一つ間違えれば、日本も世界的混乱の中で地獄の淵に立たされかねない。国家存続のカギを握るのは何をさしおいても、まず国家の動脈、経済の血流を流す物資や食料輸送のためのエネルギーを確保することだ。

混乱する世界を目の前にして、日本はエネルギー資源における化石燃料依存から徐々に脱却していかなければ、経済が破綻しかねない。できるだけ早急に「脱化石燃料」を実現する青写真を描かねばならない。現実を踏まえれば、エネルギー政策の優先順位は「脱原発」より先に、まず「脱化石燃料」なのだ。

第二章

米中ロ新冷戦と
中東紛争
イラン 対 サウジアラビアの今後

イラン経済制裁の解除とアメリカの変貌

第一章で記したように、欧米のイラン経済封鎖が4年ぶりに解除され、世界の投資マネー、エネルギーの流れが激変している。日本も否応なく、その渦に巻き込まれる。イランとサウジアラビアの今後について、もう少し踏み込んでみよう。それにはイランに対する経済制裁がなぜ始まったのかを知らなければならない。

2002年、イラン内部の反体制派が「イラン政府は秘密裏にウラン濃縮施設を建設している」と告発したことから、核開発疑惑が一挙に噴出した。以来、何度かIAEA（国際原子力機関）や国連安全保障理事会とイラン政府の間でウラン濃縮活動、再処理活動の停止や製造をめぐり激しい綱引きが繰り広げられた。

その急先鋒に立ったのは、もちろんアメリカである。

経済制裁の決定的なきっかけは2006年の核開発活動停止の国連決議。それに対してイランは決議を無視し続け、ウランの濃縮製造を継続した。そのため、ついにアメリカとEUは2012年6月から7月にかけて、相次いでイランに経済制裁を科したのだ。

この潮目が大きく変わったのは2013年6月。イランで反米強硬派のアフマディネジャド政権に代わって、穏健派のハサン・ロハニ大統領が就任したことだ。ロハニ大統領は、それまでの反米路線から、アメリカ、ロシア、イギリス、フランス、中国の五大国プラス1のドイツと協議を進め、核開発問題の解決に大きく踏み出した。それから約2年かけて2015年6月、スイスで「ローザンヌ合意」がなされた。その中身は「10年にわたってイランの核開発を大幅に制限する。一方、米、EUは経済制裁を解除する」ということだ。

そして2016年1月16日、IAEAは、イラン側がこの合意を守っていることを確認した。それを受けて、アメリカとEUが、それぞれ、イランに対して行ってきた経済制裁を解除すると発表。オバマ大統領は「イランが核兵器をつくる道をすべて閉ざした。世界はより安全になる」と演説し、自らの核交渉の成果をアピールした。

イランへの経済制裁の解除で、人口約7700万人、さらに世界第三位の埋蔵量を誇る石油資源などで伸びしろがあるこの国に、今、世界の熱い視線が注がれている。

アメリカが凍結していたイランの国外資産は、およそ500億ドル、日本円でおよそ5兆9000億円。アメリカ以外の分もトータルすると12兆円という説もある。この凍結が一挙に解除される。また、イランと原油の取引をする外国の金融機関に対し、ドル取引を停止させる制裁措置も解除される。これによって各国は、イランから原油を輸入できるようになる。また、イランへの民間航空機の機体や部品の輸出も再開できる。

イランがなぜ世界的に注目されるのか、その裏事情を明らかにしてみよう。まず簡単な歴史から。

7世紀以降、イラン高原ではイラン系やトルコ系のさまざまな王朝が乱立した。14世紀からはオスマントルコが大きな勢力を持ったが、イランのサファヴィー朝などが対抗して独立国家を維持した。第一次大戦後、イギリスの植民地化の動きにイランは反発。国内に軍事勢力を元にしたパフラヴィー朝が立ち上がる。しかし第二次世界大戦中、ドイツに接近したことで連合軍に占領され、その監視のもと、新たにパーレビ国王が誕生する。

パーレビ国王はアメリカに接近した。女性の頭髪を被う伝統的なヒジャブの着用を禁じ、ことごとく反イスラム的な政策を採用したことから、伝統的なイスラム教を重んじる勢力が猛反発。さらにアメリカにしてやられたソ連が、反パーレビ勢力と密かに組んでクーデターを企む。これで政権を崩壊させられたパーレビ国王は国外逃亡、そして逆に国外に追放させられていたイスラム指導者アヤトラ・ホメイニ氏がイランに戻り、高らかに勝利宣言した。イラン・イスラム革命だ。１９７９年、イランは国王制度の廃止、イスラム共和国の樹立を宣言する。アメリカに逃亡したパーレビ国王の引き渡しを求めて、テヘランの「アメリカ大使館占拠・人質事件」も勃発した。当時のカーター政権が陸・海・空・海兵隊四軍を動かした人質奪還作戦（イーグルクロー作戦）が完全に失敗するなど、解放まで実に４４４日もかかる長期事件となった。

以来、アメリカとイランは不倶戴天《ふぐたいてん》の敵となり、激しい敵対関係が続いた。その対立が核開発疑惑と経済制裁までつながったわけだ。

アメリカはサウジを捨て、イランに乗り換える

経済制裁の解除は何を意味するのか。簡単にいえば、アメリカがサウジを見捨ててイランに乗り換えるということに尽きる。その最大の理由はやはり原油とマネーだ。

サウジアラビアとイランは宗教的に対立している。サウジがイスラム教主流のスンニ派の代表国、イランが傍流シーア派の代表国。二国の対立はイスラムの宗教対立の歴史でもある。

一般に隣国同士は仲が悪い。加えて前記したように、イランの体制が革命を境に親米から反米へと一八〇度転換し、サウジは親米の西側同盟国の一角、イランは反米となった。しかし、二国とも経済の基幹は同じ原油輸出だ。状況が変わり、将来性のあるほうにアメリカが乗り換えたという見方は否定できない。

というのは、イラン経済のほうが、明らかに将来の成長が見込めるからだ。人口はサウジアラビアが約2800万人。イランは7700万人を超えている。原油輸出以外に産業のないサウジ経済は石油資源枯渇とともに徐々に先細っていく。実はそのことは20年前から分かっていた。だからオバマ政権よりずっと前から、アメリカは長期にわたり、丹念に、その準備を重ねてきたと見られる。1980年に勃発したイラン・イラク戦争のときから、アメリカは表向きの禁輸の陰で、密かにイランに武器を供与してきた。その売却代金を秘密工作資金としてニカラグアの反政府ゲリラ組織「コントラ」に流したのが1986年に発覚した。「イラン・コントラ事件」であるが、アメリカの仕掛けはその当時から続いているのだ。

日本とイランとの関係はどうだったか。アメリカの動向とは一線を画して、日本はずっとビジネスライクな関係を構築・維持していた。なぜなら、莫大な原油の埋蔵量が分かっていたからだ。

サウジアラビアとイランの対立の中、アメリカ、ロシア、中国は、それぞれの思惑で動いている。アメリカ企業はイランに接近し、ロシアと中国はトップ外交でイランとサウジアラビア双方に接近している。サウジもアメリカの動きに対抗すべく、急ピッチで中国やロシアにすり寄ろうとしている。中でもロシアへの急接近はアメリカを「もし我々を見放せばどうなるか」と、半ば恫喝するようなそぶりさえ見受けられる。

アメリカを中心に経済制裁解除の方向で大きく動き始めた2015年6月。サウジアラビアの副皇太子で国防相のムハンマド・ビン・サルマンはロシアを電撃訪問した。

このロシア訪問でサルマン副皇太子は、ロシアがサウジ国内で16基の原発を建設することに合意した。ほぼ同時期、国をあげて核エネルギーを専攻する学生に奨学金を出すことを決定した。

「イランの核開発が灰色のまま、経済制裁の封鎖を解かれたのは、対立するサウジアラビアにとっては死活問題。しかし事態は動き始めてしまった。だからサウジアラビアも核保有に動き出したということです。その宣言です」と中東問題研究家の見方は一致している。

現に2016年1月、サウジアラビアのジュベイル外相はこう断言している。

「イランが核を持てば、サウジアラビアも核取得を排除するものではない」

サウジは中国からDF3改良型という中距離弾道ミサイルを数十発、80年代に購入した実績がある（その後さらに最新型のDF21も購入した）。いざというときに核兵器を手に入れるのは、かつて核開発に資金援助してやったパキスタンからである。ミサイルは再び中国から購入する。暗躍するのはパキスタンとの関係を深める中国だ。

しかし、こんな情報もかけめぐっている。２０１６年4月、欧州のある国の政府関係者が筆者にこう語った。

「今、イラン国内ではサルマン国王の息子、いわゆるムハンマド・ビン・サルマン副皇太子とサルマン国王の甥にあたるムハンマド・ビン・ナーイフ皇太子の間に確執が生じているという情報がある。この暗闘の結果次第で、サウジアラビアの方向性が決まる。サルマン国王は息子の副皇太子に国王の座を継承したいと思っている。しかしナーイフ皇太子はどちらかといえば親米なのに対し、副皇太子はアメリカを強く牽制し、ロシアと中国に接近する動きを見せている。特にサルマン副皇太子が軍を抑え、大胆な経済改革に乗り出したのは大きい。サルマン副皇太子が皇太子を暗殺するのではという物騒な話も飛び交っている。しかし、王位継承権が上で、アメリカに支えられたナーイフ皇太子は、そうやすやすとは暗殺されないだろう。今後の争いがどうなるか、注目される」

サウジはアメリカから中ロにシフトして、核開発へ

現状では、国王の息子の副皇太子のほうが権力をもち、サウジ経済を立て直そうと世界をかけめぐっている。アメリカにも真っ向から勝負を挑む。

その顕著な例はアメリカにブラフをかけたことだ。アメリカのロビイストが解説する。

「少しずつ記憶のかなたに追いやられつつある2001年の米同時多発テロ。しかしアメリカでは今も忘れられない悪夢であり、屈辱の日だ。犯行グループはビン・ラディンだけではない。関与が疑われる外国政府、つまりサウジアラビアを、遺族らが提訴することを可能にする法案が米議会に提出されている。これに対しサウジアラビアのジュベイル外相は法案が通過した場合、サウジが米国内に保有する財務省証券など7500億ドルに上る巨額の資産を売り払う、と伝えているのだ」

この法案はすでにアメリカ議会上院に上程され司法委員会を通過した。本書が出版されるころには何らかの結果が出ているかもしれない。しかし、問題はなぜ、両国がここまで

この問題をエスカレートさせているのかだ。

そもそもこの法案の中身は、外国政府がアメリカ領土へのテロ攻撃に加担した疑いがある場合、通常なら訴追されない「免責特権」を剥奪する例外規定を設けるというもの。法案は一見すると世界中の国々を対象にしているように見えるが、実はサウジがターゲットなのだ。仮に上下両院で可決され、大統領が署名すれば、法案は成立する。

そうなれば、米国内の法廷がサウジ政府当局者の引き渡しを要求し、法廷で裁かれることになる。アメリカメディアの知人は、筆者にこう断言した。

「アメリカ政府と情報当局が、サウジアラビアがこれまで一貫して関与を否定してきた、2001年のアメリカ同時多発テロへの同国の関与を明らかにする文書を部分的に公表した。13年間機密扱いになっていたこの文書の公表についての議論が、アメリカのオバマ大統領のサウジアラビア訪問を前に持ち上がった。2003年に公表された、アメリカ同時多発テロに関する公式報告書は800ページにもなる大部のものだが、そのうち、この事件へのサウジアラビアの関与の可能性に関する28ページ分がカットされて公開されている。『28ページ文書』として知られるこの部分は、国家安全保障を理由に、極秘文書として機密扱いになっていた。この報告書の作成に関わっていたボブ・グラハム元上院議員は、メディアにはっきり述べている。『機密文書は、アメリカ国内で9・11の実行犯を支援していたネットワークの存在をすべて暴露している。9・11のハイジャック犯はサウジアラビア政府や同国内の慈善団体、富裕層から支援を受けていた。アメリカ政府はサウジアラビアとの関係を守るために、同時多発テロへのサウジの関与に関する文書を機密扱いにした』と。

サウジアラビア当局関係の皇族らが寄付していた慈善団体はカモフラージュで、そこの資金が巡り巡ってビン・ラディンとテロ実行グループに渡ったのだ。しかも同事件の実行犯19人のうち15人はサウジアラビア国籍。唯一の逮捕者で有罪を認めたザカリアス・ムサウイ被告は、サウジ王室は国際テロ組織アルカイダを支援していたとはっきり供述している。そのため同時多発テロの遺族らはサウジ政府を殺人で連邦裁判所に提訴した。しかし国家の免責特権を理由に却下されたのです」

これについてオバマ大統領は、法案が議会を通ればサウジアラビアも同じような法律を作り、アメリカ国民や政府を何らかの理由をつけて訴追する。泥仕合になるから、大統領拒否権を発動して阻止すると述べている。それでもサウジアラビアは、国際社会に「テロ支援国家」という烙印を押されることを嫌っているのだ。

もっとも、サウジがアメリカに通告したような、7500億ドルもの財務省証券を実際に売り払うことは技術的に難しい。世界経済を大混乱に陥れ、米ドルに連動しているサウジ・リアル相場も不安定化し、世界を敵に回しかねないからだ。

それでもサウジアラビアがアメリカに挑戦するのは、対イラン、シェールガス、そしてISの問題などが複雑にからみ、ジワジワと追い詰められている表れである。

アメリカのオバマ大統領も苦慮している。

これまで親米だったサウジアラビア。もともとアメリカが資本と設備をサウジアラビアに提供し、地下に眠っていた原油を掘らせ、サウド王家を儲けさせ、権力と繁栄を保障してきた。しかしビン・ラディンの登場で一部アメリカ国民から「サウジは敵」というイメージが形成され、少しずつ距離感が出てきた。そしてサウジはイラン問題でついに、アメリカに対抗する姿勢を見せ始めた。中東・アラビア湾岸諸国の中でも、もっとも親米だったサウジアラビアが路線を修正し、ロシアや中国に接近していくのは、アメリカにとっても看過できない。

そのため、アメリカのオバマ大統領は2016年4月20日、湾岸協力会議（GCC）の首脳会議に出席したその足で、サウジアラビアのサルマン国王と会談した。知人のジャーナリストは次のように語る。

「オバマ側近のアメリカ高官は、今回の訪問・会談は大きな成果があったというが、サウジ側は対話の始まりにすぎず、今後の成り行き次第ではどうなるかわからないと洩らしていた。両国はイラン経済制裁解除、イエメン内戦問題、レバノンの政情不安、そしてシリアのIS掃討問題などを話し合ったというが、要はイランとアメリカの距離、サウジとアメリカの距離についての腹の探り合いだったとみられる」

イエメン内戦についても簡単に触れておこう。

イエメンは1990年に現在のイエメン共和国が発足。2011年にアラブの春が起こり、サーレハ大統領は退陣。代わって2012年ハディ大統領が誕生。しかし2014年イスラム教シーア派系勢力「フーシ」家のザイド派が反政府運動を開始。今は、イエメンは政府系、「フーシ」ザイド系、そしてスンニ派系のイスラム過激派「アラビア半島のアルカイダ」（AQAP）、加えてISと4つの勢力が拮抗している。AQAPは2015年1月、フランスの風刺週刊紙「シャルリエブド」銃撃で死者12名を出す大事件を引き起こしたテロ集団だ。

サウジアラビアは2015年3月、クウェート、バーレーンなど8か国からなる同盟軍で、イエメン政府を支援するため、フーシ系の拠点に対する空爆を開始した。その狙いは、フーシ系の背後にイランがいるためで、放置すればフーシ系がイエメンを制圧しそうな勢いだったからだ。

つまり自国の裏庭であるイエメンが、イランに連なるシーア派国家になる事態を許容できないサウジが、スンニ派系同盟国とともに軍事介入し、イエメン内戦がサウジとイランの代理戦争と化したわけである。

イエメン情勢が世界から懸念されるもう一つの理由は地理的条件だ。イエメンはサウジの南隣、アラビア半島の南端にある。目の前にはインド洋から紅海、スエズ運河を経て地中海にいたる海の大動脈がある。イエメンの混乱が深刻になれば、船舶の航行にも支障が出る。イエメン内戦は日本経済と社会にも、ストレートに響いてくる可能性がある。

かくも混迷するサウジアラビアで、さらに気になる情報が発信された。

石油政策を20年以上も担当してきたヌアイミ石油鉱物資源担当相が2016年5月7日、突然更迭された。後任には先述したムハンマド・ビン・サルマン副皇太子の覚えめでたいハリド・ファリハ保健相が新石油大臣として任命された。

「ムハンマド副皇太子は経済構造を改革し、サウジを石油資源だけに頼らない経済国にしたいと思い定めている。そして一方ではイエメン戦争の陣頭指揮もとり、アメリカやロシアとの外交も背後で操っている。さらには石油を増産するか否かの指示も出していて、ここ半年以上、ヌアイミ石油担当大臣はただのお飾りになっていたが、今回、大方が予測していたとおりに更迭された。後釜のハリド氏はムハンマド副皇太子の経済政策を支持すると述べているが、本人は国営石油サウジアラムコの会長でもあり石油に精通している。欧米各国やイランは、今回の人事のサウジの本心を見極めようとしています」（資源アナリスト）

ＯＰＥＣの役割が低下する中、果たして21世紀の原油価格のスウィング・プロデューサーは誰になるのか。サウジが今日までその任を果たしてきたのは、ヤマニ石油相という傑出した人物がいたからだ。

アハマド・ザキ・ヤマニ元サウジ石油相は１９６２年から86年までサウジアラビアの石油鉱物資源相を務めた人物で、法律にも経済にも長けていた。対アラブ強硬策をとるイスラエルを裏で煽るアメリカに対して、禁油政策をとり、第一次オイルショックを策謀した策士である。その歯切れの良い弁舌と、大国アメリカとの駆け引きでも一歩も引かず、むしろ翻弄したことなどから一躍、注目の人となった。86年に突如、石油相を解任されたが、当時の国王がヤマニの人気に嫉妬したことと、折からの原油の下落をコントロールできなかった責任をとらされたとも言われた。いずれにせよ長年の間、世界の原油市場を自在に操ったことで、全世界からのヤマニ詣でが止まなかった。そんな演出家が今日、再び中東に現れるだろうか。新時代のヤマニはサウジではなく、むしろ制裁が解除され、OPECの中でも一定の発言力を持つイランの中に現れる可能性もある。そのとき、アラブ諸国は宗派の違いを超えて一致できるだろうか。できなければ、中東情勢はさらなる混迷に向かうしかない。

日本の対イラン、対サウジ対策

さて日本は、この混乱をどう生き延びればよいか。

いくら集団的自衛権の行使を認めた安保法案が国会を通っても、日本は軍事力で貢献するわけにはいかない。かといって、米中ロの角逐《かくちく》の間に割って入り、上手に立ち回ることもできない。やはり日米安保条約を結び、同盟関係のあるアメリカと歩調をともにするしかない。アメリカの背後でひっそりと、イランにいかに投資していくかを模索する立場に置かれる。

日本はかつて、イランとのビジネスライクな付き合いの象徴として、アザデガン油田の共同開発の権益を保持していた。

アザデガン油田とは、1999年にイラン国営石油会社（NIOC）によって発見されたイラン最大の油田のことだ。ペルシャ語で『（イラクから）逃げてきた人々』の意味。イラン西部のイラク国境寄りに立地し、推定260億バレルという世界屈指の埋蔵量を誇る。戦争などで採掘設備の開発が遅れ、日本の企業体とイラン国営企業で共同開発することが決まり、2004年に75％の権益を取得した際には、「日の丸油田」として資源政策の中核となるよう期待されていた。しかし、イランの核開発問題が国際的な問題となり、アメリカ合衆国からたびたび開発中止の要請を受けた結果、2006年に日本企業の権益は大幅に縮小され、2010年にはイラン制裁を強化するアメリカの圧力で、日本は撤退を余儀なくされたのだ。

日本撤退の穴を埋めたのは中国だ。日本が援助して作った油田全体のコントロールルームの中枢で指揮をとるのは、今や全員中国人だ。中国人によって世界最大級のアザデガン油田は今、生産能力を増強中だ。このプラントは1日に7万5000バレル生産できるという。

経済制裁解除を受け、国際石油市場に復帰したイラン。イランでの油田権益を手放した日本。経産省はアザデガン油田開発への復帰を探る構えだが、中国や各国との争奪戦の中でかつての地位を取り戻すのは至難の業だ。

石油以外の分野でも、制裁解除後のイラン進出に、日本の商社やメーカーの期待が高まる。例えば自動車。イランの2014年の自動車生産台数は100万台超。日本のピックアップトラック、SUVやバン、オートバイなどは人気商品だけに、日本の自動車業界の期待は高い。

ほかに、生活用品の販売や道路などのインフラ受注の好機との指摘もある。しかし過去のイスラム革命や油田撤退の経験もあるだけに、大型プロジェクトに慎重な企業は多い。再び反米政権に交代したり、中東情勢が悪化したりすれば事業凍結に追い込まれる恐れがあるからだ。中東につきものの政情不安定や反対運動、テロも大きなマイナス要因だ。

しかし、そうはいっても中国経済に大ブレーキがかかった今、世界屈指の右肩あがりのイラン経済をいつまでも無視するわけにはいかない。日本政府は2015年、イランとの間で投資協定を結んだ。さらに経産省がアザデガン油田の権益再奪還に向けて動き始めている。また安倍首相もトップセールスでイランに食い込むことに躍起だ。

ただし、エネルギー問題に深くかかわってきた経験から、筆者は次の指摘をしておきたい。

米政府の圧力を受けていた当時、アザデガン油田について、政府内では完全撤退すべしとの声が主流だった。もちろん中には「アザデガンでもう一度」という人もいた。だが省庁の幹部や主流派は「アザデガンはもういらない、危ない」という考えの人が大半を占めていた。エネルギー問題での日本政府のあまりの危機感のなさに、筆者は深い危惧を抱いた。「アザデガンがだめでも他がある」という根拠のない楽観論が、当時も今も、幅をきかせているのだ。

というのも、韓国や中国は経済制裁中も積極的にイランに投資を行い、交渉団を送り込んでいた。中国は日本が放棄せざるを得なかったイラン利権に食いつき、アザデガン油田の権益を獲得した。中国外交は欧米の経済制裁路線とは一線を画すだけに、ライバルのいない間にどんどん食い荒らすことが可能だった。

しかし、韓国にはそれはあてはまらない。中国への依存度は相変わらず高いが、一応、アメリカ、ヨーロッパ諸国と足並みを揃える西側の一員だ。それが欧米のイラン制裁を横目に勝手にイランの権益をむさぼることは、欧米から逆に非難されかねない。

そこで韓国は何をしたか。イランと国交があり、欧米の経済封鎖とは無関係の産油国、たとえばベネズエラといった国々や、第三国の要人や企業を通して、裏でイランへの投資のパイプをつなげていた。だから制裁が開始された当時、日本は全面撤退してしまったが、韓国はさまざまな隠れ蓑を使い、30％ほどしか撤退しなかった。そして今回、制裁解除とともに、細々と陰でつないできたルートを使って、韓国は一挙に攻勢に出ている。彼らはずるがしこいというか、勇気をもって努力している。勇気はエネルギー資源確保への危機感の裏返しだ。日本は裕福でのんびりしていて余裕がある。それは危機感がないことを意味する。

では、イラン側から見て、日本はどう映っているのか。アメリカの同盟国ではあるが、日本とイランは基本的にビジネスライクな関係が築ける。国民感情としてはとても親密ではない代わりに、憎しみもない。とくに日本とイランの間には宗教的対立の問題がないことは、他国と比べて有利だ。だがこれまで、日本の外交が常にアメリカに引っ張られてきたように、サウジとイランの関係改善について、日本が自主外交を展開することは難しい。結局、アメリカの出方を見ながら、粘り強く二国間交渉を繰り返すしかない。

イランは本当に核開発をあきらめたか

一方、今回の制裁解除は、イランの国内事情にも大きな波紋を投げかけている。制裁解除直後の2016年2月26日には、議会及び専門家会議の選挙が行われた。

国民が切望する制裁解除が、選挙の前に実現したことは、欧米側との核交渉を進めてきたロハニ大統領が率いる穏健派にとって、大きな追い風と見られた。

選挙の結果、保守強硬派の影響力が強かった議会が穏健派優勢に変われば、IAEAの追加議定書を批准する道筋も見えてくる。追加議定書とは、イランの核施設に対する「抜き打ち査察」を可能にする文書だ。議会が批准すれば、イランの核開発に対する国際社会の不信感は完全に払拭される。追加議定書の批准は、イラン核問題の平和的解決のカギだ。

一方、専門家会議とはハメネイ師の次の最高指導者を選ぶ権限を持つ機関。それだけに2月の2つの選挙は、イランの将来がかかった極めて重要なものだった。

イランのロハニ大統領は1月の革命記念日式典で演説し、「革命の言葉は更新が必要だ。保守主義に改革と融和を取り込まねばならない。対立をやめ、手を取り合うことが必要だ」

と述べた。しかしイランの選挙は、強硬派のイスラム法学者らによる「護憲評議会」が候補者を事前に審査する。国会議員への立候補申請者は過去最多の約1万2000人。最高指導者ハメネイ師の強い影響下にある護憲評議会は、事前審査で6229人の立候補を認めた。だが、その後の1次審査で改革派約3000人のうち99%を「最高指導者への忠誠がない」などの理由で不適格と判断。最終審査でも認定されたのは少数だった。

一方、専門家会議の選挙では、1979年のイラン革命を主導した初代最高指導者ホメイニ師の孫、ハッサン・ホメイニ師が事前審査で失格とされた。同師は改革派・穏健派連合に近い立場。連合勢力は祖父のカリスマ性を継ぐ人気にあやかろうとしたが、勢いをそがれたように見えた。

しかし、こうした事前審査には国民の不信が高まった。そこで、ついに穏健派連合勢力には追い風が吹き、反改革派、保守派の事前の妨害行動にもかかわらず、2月26日に始まった選挙では、イランの国会議員選挙（定数290）で改革派が議席を伸ばし、15年7月の核合意でイランの国際社会復帰を推進したロハニ大統領を支持する保守穏健派と改革派が躍進した。

改革派のロハニ師は、強硬派が約3分の2を占める議会で着実に支持を広げ、2017

年夏の大統領選に向けて弾みをつけた形だ。

イランの政治勢力は大きく3派に分かれる。従来からのイスラム保守強硬派。アメリカと鋭く対立してきた勢力だ。今でも最高指導者として君臨するハメネイ師に忠実で、厳格なイスラム教解釈に基づく国づくりを目指す。改革派はハタミ元大統領を支持し社会の自由化を求める。現大統領でアメリカやヨーロッパ諸国と核合意を果たしたロハニ大統領は中道の保守穏健派だが、改革派の支持を得て大統領に当選した。イラン選挙関係者によると、特に国内政治に大きな影響を与える首都テヘラン選挙区では、全議員が改革派となり、圧倒した。

国会議員の多数を占める保守強硬派は地方選挙区に強い。しかしイラン国内で発言力の強いテヘラン選挙区の当選者が改革派で占められたことで、同派の勢いが増した。保守強硬派から保守穏健派に鞍替えする人も出てくる。議席の割合（テヘラン除く）は穏健・改革派が約25％、ロハニ大統領支持が多い独立系が21％、保守強硬派が36％となっている。テヘランで穏健派と独立系が全議席を占めたことで、ロハニ大統領の政権基盤は安定した。

また、今回の選挙では最高指導者の任免権を持つ専門家会議（定数88）議員の選挙でも改革派が優位を占め、ロハニ大統領の後ろ盾、保守穏健派のラフサンジャニ元大統領がトップ当選した一方、保守強硬派の重鎮、ヤズディ師は落選した。

イランを長い間支配してきた反米保守強硬派が今回の選挙で後退し、テヘラン市内の投票所では、核交渉を合意に導いたロハニ大統領の功績を評価する声が目立った。「保守強硬派の影響を排して、核交渉の方針を決定、成功したのは偉大な業績だ」。

ただ、経済の本格的な再生や表現の自由の拡大など、ロハニ大統領が掲げた公約は道半ば。さらに核合意や制裁解除の履行をめぐって保守強硬派の反撃も始まっている。ロハニ大統領の改革は、これからが正念場となる。

イランとサウジの対立。シーア派 対 スンニ派

イランとサウジの対立構造について、角度を変えてもうすこし見てみよう。

サウジアラビアはアメリカに対して強気の姿勢で、副皇太子のロシア訪問、中国との接近を見せつけながら、イランにも揺さぶりをかけている。2016年1月2日、イスラム教シーア派の指導者ニムル師を含む47人を突然処刑した。このためシーア派の抗議行動はサウジアラビア国内からバーレーン、カシミールまで世界中に広がった。シーア派の大国

イランの最高指導者ハメネイ師は、「大きな犯罪で、過ちだ。ニムル師の血は、サウジアラビアに跳ね返るだろう」と「神の報復」を警告した。

サウジとイランの宗教的な対立には、歴史的な背景がある。

そもそもサウジアラビアは、イスラム教スンニ派から派生したワッハーブ派を国教とする国家だ。ワッハーブ派は18世紀半ば、アラビアのイブン＝アブドゥル＝ワッハーブ（1792年没）が起こした、イスラム教の改革運動だ。ワッハーブ派は18世紀のアラビア半島で従来のスンニ派の教義の厳格化を求めた。

そして、もう一方の大国・イランはイスラム教シーア派だ。イスラム教の創設者ムハンマドの血を引き継ぐとされるカリフ（予言の代理人）の後継者アリーに従っていこうという主張である。それに対してスンニ派は血筋よりムハンマドの教え、コーランやハディース（ムハンマドの言行録）を重視しようとする。サウジアラビアなど中東のアラブ地域ではスンニ派が多数派を占める。もともとペルシャ帝国として中東全域を支配してきたイラン人の文明国としてのプライドは、遊牧民であるサウド王家などが聖地を独占していることが許せない。そこでシーア派の大国として自己主張していくわけだ。

シーア派とスンニ派の対立を、単なる宗教対立とは見ない専門家は多い。

「宗教的対立というより土地と資源のプライドをかけた争奪戦。これが憎しみを激しくしている」

イラン・イスラム革命の意義

こうした長い歴史的対立を決定的にしたのは、先にも触れた1979年のイラン・イスラム革命だ。革命を率いたホメイニ師はシーア派第7代イマーム、ムーサーの子孫を称するサイイド（預言者ムハンマドの直系子孫）の家系に生まれた。第二次世界大戦中の1941年頃から皇帝（パーレビ国王）の独裁と西欧化政策に対する不満が国民の間に蔓延すると、ホメイニ師はその先頭に立ってイラン皇帝の独裁的な性格を非難、抵抗運動を呼びかける。しかしその扇動的な動きがパーレビの怒りに触れ逮捕される。一旦釈放されたが、その後も批判を続けて拉致され、国外追放でフランスに亡命した。

当時のイラン皇帝は、石油を欧米などに売った収入で国家の西欧化・近代化を目指した。イスラム色を廃した急激な改革により、かえって貧富の格差が増大したという。そのためホメイニ師たちは、この運動に徹底抗戦したのだ。同師は国外からも徹底抗戦をイラン国民に呼びかけ、やがて全土に反皇帝運動の嵐が吹き荒れた。

そして1979年1月、イラン・イスラム革命で国王は亡命、イラン・イスラム共和国が樹立され、凱旋帰国したホメイニ師が国の最高指導者となる。

ホメイニ政権は、その発足直後からイラン・アメリカ大使館人質事件やイラン・イラク戦争など、さまざまな危機的状況に襲われた。しかし、革命イランの最高指導者としてホメイニ師は諸政策に強い影響力を維持し、政治・司法・文化をイスラムに基づいて構築し直すことを目指した。ホメイニ師は、革命中は皇帝の独裁に対抗するシーア派社会主義の理念を取り入れた。イスラム革命を「イスラムに基づく被抑圧者解放」と主張することで貧困層や世俗的中産階級からも支持を取り付け、革命を達成したという。しかし革命達成後は世俗主義者や社会主義者を「イスラムの敵」として弾圧し、事実上の宗教独裁体制を敷く。強権的な姿勢を強め、イスラム教国を含む世界各国から強い反発を招いた。

こうした歴史を持つイランとサウジアラビアだけに、対立は根深く、一度火がつけば止まらない。

2016年1月、前記したニムル師の死刑執行直後、イランの首都テヘランのサウジアラビア大使館が炎上した。暴徒化したデモ隊に襲撃され、火炎瓶が投げ込まれたのだ。大使館を襲撃した若者らは「偉大な指導者だったニムル師が異端者によって殺害された」と怒りの声を上げた。

　イラン・サウジ対立の発火点となったニムル師とは一体どういう人物だったのか。

　彼はサウジアラビア国内で、シーア派住民の権利を守る活動を続けていた。サウジの３０００万人の人口のうち約10％、３００万人はシーア派だという。彼らの権利を守るための活動と、２０１０年にチュニジアで始まった『ジャスミン革命』を皮切りに、アフリカや中東で吹き荒れた民主化運動『アラブの春』に際し、ニムル師はサウジ政府への抗議デモを主導した。当時、デモにさらされた国はリビアのカダフィ政権、エジプトのムバラク政権など次々と転覆させられていったため、サウド王国の崩壊を恐れた政府にニムル師は拘束され、死刑判決が言い渡されていたのだ。

　年明け早々の突然の死刑執行は､法にのっとった手続きを超える別の思惑が働いていた。それは先に記したように、サウジアラビア最大の同盟国アメリカが、イランへの制裁を解除し、接近する姿勢を見せたことに危機感を覚えたからだ。

　イランへの制裁解除は２０１５年半ばから騒がれていたが、実際に制裁解除が行われたのは２０１６年１月16日である。焦ったサウジは、その前にニムル師を処刑してイランを挑発し、暴動による治安悪化で制裁解除を遅らせようという魂胆だった。だから解除直前の1月2日、日本でいえばお屠蘇《とそ》気分も冷めやらぬタイミングで処刑したのだ。

案の定、サウジ大使館の焼き討ちが誘発された。「我が意を得たり」とばかりにサウジアラビアは、ジュベイル外相が1月3日、記者会見を開き、イランとの外交関係を断絶すると発表。まさに電光石火の行動だ。イランの大使と大使館職員に2日以内にサウジアラビアを退去するよう求め、またイランとの航空機の行き来や貿易を停止する方針も明らかにした。

サウジと同調して隣国バーレーン、それにスンニ派が多いスーダンもイランとの外交関係を断絶し、イラン包囲網が形成されたかに見えた。サウジは、死刑囚はテロリストだったと主張。ニムル師以外は、少なくとも3人のシーア派の政治犯と、アルカイダの戦闘員との容疑をかけられていたというのだ。

こうして、アメリカがサウジ側に立ってこの紛争への介入を余儀なくされる事態になることが、サウジの狙いであり、目的だった。

サウジの意図は、まさにイランを混乱に陥れ、イランの影響下にある国やグループを動揺させ暴発させることで、アメリカを引っ張り出すのが狙いだったのだ。

アメリカと結ぶことで中東の地域大国としての権力を握ってきたサウジは、イランの復活でその座を奪われかねない。つまりサウジの王族にすれば、いままで恋人で結婚の約束まで交わしていたアメリカ女性が、いまやイラン人男性に心を奪われ結婚する勢いに見えた。捨て置けないと考えたサウジ王族は、イラン男性の親をテロリスト呼ばわりし、ついに処刑してしまった。怒りのあまり、イラン男性はサウジ王族の家に火をつけた。まあ三文芝居風にいうと、そういうことが起きている。

アメリカにすれば、サウジとイランのあいだの調整役に徹したい意向が強い。だが、それ以上にアメリカの中東での最優先課題はＩＳなどのジハーディスト運動の鎮圧だ。アメリカ国内での9・11の再来を断ち切ることが最大の目的だ。

シェール革命が起き、原油輸出国の立場さえうかがう中、アメリカにとって中東はすでに、アメリカの産業や軍事行動に必要な資源エネルギーの供給地、という従来の視点があてはまらなくなっている。むしろ中東は、アメリカの産業や金融が儲けるための新しい投資先、混乱に乗じてかすりを取るための土地という視点が優勢になってきた。

アメリカはサウジに9・11で裏切られ、ワッハーブ派の教義の輸出で世界中にテロリスト予備軍を拡散させたことで、両国の信頼関係は揺らいだ。したがって、これまでサウジを擁護してきたアメリカの政策が転換しても不思議ではない。シーア派絶滅を主張するISに厳しい対決姿勢をとるイラン。ISはじめ過激なジハード主義の拡散に主導的な役割を演じてきたサウジ。アメリカは、その対立を戦略的に利用しようと見定めている。

だがオバマ政権は、イランの経済制裁は解除しても、核ミサイル開発問題で何かあればすぐさま制裁に戻る姿勢を崩していない。オバマ後の大統領もしかりだろう。一方、イランの最高指導者ハメネイ師もアメリカへの不信感は依然保持したままだ。当面「経済」という両国共通の合言葉で軽く握手をしているだけの関係が、しばらくは続く。アメリカとイランが1～2年で急速に関係改善していくと見るのは時期尚早だ。

だからアメリカは先述したように、オバマ大統領がサルマン国王とわざわざ会談したのだ。

いずれにせよ今後のイランと、これまでオイルマネーの浪費で王族3000人が贅の限りを尽くした遊興をするなど余裕のあったサウジアラビアの立場は、徐々に逆転していく。サウジ国内は、原油価格の低迷で財政が厳しくなり、予算カットなどで国民の不満が高まりかねない。そこでサウジ政府はイラン制裁解除を前に、危険な賭けともいうべきニムル師処刑で、自国の立場を国内外にアピールしたわけである。

この事態を、イランはどう受け止めているのか。イランはニムル師の処刑に強く反発しながらも、外交断絶には「どうということはない。苦しんで非難されるのはサウジ側」と冷静な反応だ。

しかし、イランもやられたらやり返す国だけに、緊張が高まることは間違いない。「サウジ対イラン」という二国間関係だけではなく、「スンニ派対シーア派」という対立構図が世界に広がる可能性も高く、軍事衝突も懸念される。両国が交戦するようだと、中東地域全体を巻き込んだ第五次中東全面戦争にも発展しかねない。

しかし筆者は、サウジもイランも、全面衝突と戦争になれば国家と経済がどれほど疲弊するかを知っているため、そこまではいかないと考えている。前述した「原油量調整」に向けた新たな動きがサウジにもイランにも出始めているのが、その証拠だ。

しかし、明日にも握手しそうな国同士が、突然ミサイルを撃ちあう展開となる可能性も秘めているのが、世界の火薬庫・中東だ。そこで、イランと激しく敵対するイスラエルの同行から目が離せない。イスラエルは、イランが依然として核兵器の保有をあきらめていないと見て、制裁解除に強く反対してきた。反シーア派を掲げるＩＳの活動の背後には、イスラエルの思惑と支援があるともいわれる。

情報機関の思惑が入り乱れる中東

もう一度、冷静に分析してみよう。

サウジがアメリカと暗闘を繰り広げても、アメリカはシェールオイル業者の一部が多少痛むくらいで、優位は揺らがない。自信をもって勝つと計算しているし、実際そうなる可能性が高い。

アメリカがイラク、アフガンから撤退した理由は、前述のように、もはやエネルギーのために「世界の警察官」を演じる必要がなくなったからだ。自給にメドがついて、もう中東やOPECに気を使う必要はなくなった。それでも、アメリカが中東から撤退しないのはなぜか。シリア、イラクを中心に、中東の大地には連日爆弾が炸裂している。シリア情勢があるからだ。

そもそもアメリカは、なぜシリア情勢にクビを突っ込むようになったのか。ひとつには親米国イスラエルがイランとは犬猿の仲であること。シリアのアサド政権の裏にはイランがいる。

さて、ここからはスパイ小説の世界だ。各国の思惑が入り乱れ、それこそ表の報道ではとても想像もつかない動きが、米中ロ、そしてイラン、サウジアラビア、IS、そしてイラク、イスラエル、トルコなどが入り乱れ、自国の利益のために激しい争い、敵も味方も欺く情報戦が繰り広げられている。国際的な陰謀が渦巻くところで航空機が墜落する事件が起きるのはその証拠なのだが、それはさておき、その渦の中心は、やはりアメリカだ。

その複雑なパズル解きを、これからしていく。読者は、中東発の第三次世界大戦が進行中であることを、改めて理解するはずだ。

まず、世界のメディアもあまり報じていないイスラエルとイランの仲について。

2016年早々、イスラエルのモーシェ・ヤアロン国防相の発言が端的に物語る。

講演の席で同国防相にこんな質問が投げかけられた。「ISとイランのどちらが好ましいか」と。出席していた関係者はこう言う。

「国防相はすかさずISのほうがマシだと答えたのです。その理由については、ISはイランのような共和国体制を築く能力は持ち合わせてはおらず、イスラエルに対して明確な敵意をむき出しにしているイランのような国家的脅威にはなり得ないだろうと述べたのです」

その席で同国防相は、「イランはイランの傀儡《かいらい》であるヒズボラを通じて、ゴラン高原にイスラエル侵攻のための前線を築こうとしている」とも述べたという。

またイランがアメリカなどからの経済制裁を解かれたことに対しては「シリア内戦を解決する糸口としてイランを国際社会に引き出そうとしているが、その結果、もしシリアにイラン寄りの政権が誕生したら、イスラエルにとってかつてない脅威になるだろう」。

ＩＳのほうがマシ、というヤアロン国防相の言葉は驚きだ。それを裏付けるように、「脅威を増しつつあるイランを叩く目的で、イスラエルは裏でＩＳに援助している」という話も出ているが、確証はない。

その舞台は、シリア南部とイスラエル北部の間にあるゴラン高原である。もともとシリアの領土だったが、１９６７年の中東戦争でイスラエルが侵攻して占領、９割がイスラエル領土となった。

防衛省関係者が言う。

「世界中でテロを引き起こしているＩＳのほかに、シリアのアサド政権と戦っているヌスラ戦線というアルカイダ系組織がある。日本人ジャーナリスト、安田純平さんが拘束された集団だ。ともに、シリア内戦でアサドの政府軍と戦ってきたが、両者は敵対関係でライバルのふりをしているが、実は裏では味方なのだ。他方でイスラエルも表向きは、パレスチナをめぐってイスラム勢力とは敵対関係のはず。ISもヌスラ戦線もイスラム教スンニ派であり、イスラエルの殲滅をうたっている。パレスチナへの連帯はシーア派もスンニ派も関係ないはずだ。ところがISは、イスラエルに対する潜在的な脅威ではあるが、実際にはイスラエルをそれほど敵視していないように見える。というのも、イスラエルはゴラン高原の停戦ライン越しに、ヌスラ戦線の負傷した戦士を受け入れてイスラエル軍の野戦病院で手当てしたり、木箱に入った中身不明の支援物資を渡したりしているという情報がある」

ISとイスラエルとの関係は、諸説あって本当のところはわからない。アメリカとイスラエルの関係は、後で説明するように変化しつつあるが、現状では基本的にまだ緊密である。

前記したように、アメリカはISを恐れ、今叩き潰さないと世界がますますテロの惨禍にさらされるとして、空爆や特殊作戦を仕掛けている。だが、ほんの数年前は様相が異なっていたと、知人の元米政府関係者はこう明かす。

「イスラエルはISの前身や、アルカイダ系組織にこっそり資金や武器を提供していた可能性があるが、実はアメリカも、そしてサウジアラビアも、裏でＩＳを支援していたという説もある。サウジは以前、アメリカに頼まれて、シリアの反政府勢力を支援していたが、アメリカが２０１０年にアサド政権と妥協することを検討した時、サウジは、なんとアサド大統領を自国に招待している。しかしその後、アメリカが再び反アサドの姿勢を強めたため、サウジも反アサドに転じた。サウジのシリア政策は、アメリカのいいなり。アメリカがアルカイダやＩＳを支援したから、サウジも支援した。ところがＩＳは２０１４年、今のサウジアラビアの王政を敵視しはじめ、イラクとシリアを占領したら、次はサウジの番だと言い出した。サウジは飼い犬に咬まれたような心境でしょう。つまり、いままで武器も人もＩＳ寄りに動かしていたのに、今度は支援してくれていたサウジを潰すと言い出したのには驚いたようです。当然、ＩＳはアメリカも最大のターゲットにしているのです」

サウジはその後、慌ててイラクと自国の千キロの砂漠ばかりの国境線に、深い塹壕や高い防御壁からなるサウジ版「万里の長城」の建設を開始し、ＩＳが国境を越えて侵入してくるのを防ぐ対策を強化した。

皆殺しの思想

さて、ここまで複雑な中東をめぐる構図について、さまざまな角度から、従来のメディアの公式発表では知りえなかった構図を明らかにしてきた。そろそろ複雑な図式をまとめて、本章を整理しよう。

まず、世界の火薬庫である中東の今日の対立の基礎に、スンニ派とシーア派の敵意が利用されていることだ。スンニ派の盟主を自負するサウジアラビアとシーア派の盟主イランの対立は、相手を抹殺し、皆殺しにする思想を常に秘めている。

思い返して欲しい。イラク戦争まで長くイラクを支配したサダム・フセイン政権は、宗教色を薄めていたとはいえ、スンニ派政権でもあった。イラクでは人口の約6割をシーア派が占め、イスラム世界全体での多数派であるスンニ派は約2割。フセインは独裁によってシーア派を抑えつけ、さらにシーア派が多い地域に多かった油田を、国策として収奪した。

しかし、この構図は新生イラクで逆転する。新しく誕生したマリキ首相はシーア派出身で、国の要職はシーア派が独占した。イラク戦争後の２００６年から2期8年にわたり政権を率いたマリキ首相の下で、過度のシーア派優遇が宗派・民族間対立の悪化を招き、ＩＳの進撃を許したとの批判が高まっていた。そして、その批判を受け今のアバディ政権ができる。しかしアバディ氏もマリキ氏と同じシーア派のアッダワ党の所属だ。

中東ウオッチャーはこう言う。

「ＩＳを生んだのは、有名な話だがイラクのマリキ政権だ。徹底したスンニ派排除政策をとった結果、追い詰められたイラクのスンニ派、フセイン残党が中心となってＩＳを結成する。ＩＳ幹部にもフセインの出自であるバース党出身者が多い。今、イラクはアメリカの横やりでマリキが大統領職を追われたが、シーア派優遇による宗派対立の構図は変わらない。イラクのみならずシリア、イエメン、サウジなど、いずれもシーア派とスンニ派の憎しみと殺戮、互いを殲滅させる戦いの舞台となっているのです」

そこに資源争奪、資金獲得を狙うロシア、中国の思惑がからむ。アメリカは世界の警察官から降りたが、かつて何から何まで面倒をみてやったサウジが過激なイスラム思想の拡散者となって親ロシア、親中国にシフトし、さらにイラク戦争の落とし子、ＩＳがトルコやサウジと裏でつながり、アメリカや欧州でテロを起こしている。それを潰さないとアメリカに再び9・11のような事件が起きかねない。

ここで、アメリカの最も親しい同盟国のはずだったイスラエルとの関係が、オバマ政権下で非常に微妙になっていることを付け加えておく。

2015年3月、アメリカ共和党の招きで訪米したイスラエルのネタニヤフ首相は、米国議会で演説し、イランの制裁解除に向かうオバマ政権を激しく牽制した。そして制裁解除が決定した後、ネタニヤフ首相はオバマ大統領に電話して、こう述べたという。

「合意はイスラエルの生存を脅かすものだ」

2015年の総選挙でイランの「脅威」を前面に押し出して勝利したネタニヤフ首相。自国の安全を脅かすイランとの合意へ突き進むオバマ政権の姿勢は容認しがたい。ネタニヤフ氏はこれまでも、イランへの武力攻撃も辞さない姿勢を繰り返してきた。

アメリカへの不信感は、サウジアラビアのアメリカに対する不信感の強まりと重なる。この疑念がISを裏で操り、資金提供してきた両国の思惑の根底にあった。しかし、サウジはISがサウジ侵攻を狙うようになったことで、そこから降りた。では今、ISを裏で支えるのは誰なのか。

ＩＳとトルコ

ここにきて、スパイ小説並みの複雑な中東情勢を、さらに複雑にしている国がある。トルコだ。

２０１５年10月31日、エジプト上空でロシアの民間機が爆発・墜落し、２２４名の乗客、乗組員全員が死亡した。ＩＳの爆弾テロ攻撃によるものだったことが判明。実はこのテロ部隊がトルコと深い関係があるのではないかという見方に、ロシア諜報部関係者が言及した。「トルコの極右武装組織〝灰色の狼〟という」（警察庁関係者）。

さらに２０１５年11月、トルコとシリアの国境付近でロシアの戦闘機が撃墜された。領空侵犯したというのがトルコの主張で、両国は一触即発状態になり、情勢は一気に緊迫した。なぜならトルコのＮＡＴＯ基地（インジルリク）には核兵器（Ｂ61）数十発が備えられているからだが、国際社会のロシア制裁を利用したエルドアン大統領の強気な攻勢に、国際社会から懸念が強まった。ロシアとトルコとの関係は、シリア内戦で複雑になったという。

まずロシアはなぜ、この地域に戦闘機を出していたのか。

「ロシアにとってシリアは、かねてから武器などを購入してくれた友好国。そのシリアを執拗に攻めるIS。ISには反シリア・アサド政権の欧米も手を焼いている。そこでロシアがISを叩く空爆に乗り出し、問題解決の一翼を担うと言い出したので、欧米は渋々受け入れた。ところがロシアはISへの攻撃と同時に、こっそりシリア北部の反シリア政府、つまり反アサドのトルクメン系の武装組織も爆撃していた。トルクメンとはトルコ系民族。トルコはアサド政権誕生後、トルコ系組織がシリアとトルコの国境地域に誕生することを願って工作していたのです」（中東問題研究家）

ところが、ロシアとシリアの共同攻撃でトルクメン系組織が弱体すると、その間隙を縫って勢力拡大の兆しをみせたのが、やはりアサド政権と戦っているシリア内のクルド人系武装組織PYD（民主連合党）なのだという。実は、クルド人はトルコからイラン、中東一体に2500万～3000万人もいる世界最大の流浪の民だ。トルコ国内だけでも、およそ1500万人と、最大規模の集団が居住している。トルコ全人口の4分の1近くだ。トルコがもっとも恐れるのは、クルド人がトルコ、シリア、イラクなどの地域で分離独立し、国家を建設してしまうことだ。

国家建設を唱えるのはトルコ内のPKK（クルディスタン労働者党）という武装組織だ。トルコ政府はPKKを弾圧しているが、他方では経済拡大のためにEU（欧州連合）にどうしても加盟したい。ところがEUはトルコのクルド人弾圧を問題視し、その全面停止を加盟の最低条件としている。そのため体裁上はクルド人の便宜をはかる政策を打ち出しつつ、腹の底では民族浄化でクルド人を放逐したいというのがトルコの本音だ。

もっとも、さすがにトルコ国内で民族浄化をするわけにはいかない。そこで、表向きISへの空爆にトルコも参画するふりをしながら、空爆でシリア国内のPYDを攻撃しているという。これもPYDが力をつけて、トルコ国境に自治区を持てば、やがてはトルコ国内のクルド人独立国家建設に飛び火すると恐れるからだ。トルコも実はロシアと似たような「隠された攻撃」を展開していたわけだ。

だからトルコのエルドアン大統領は、空爆によってトルクメン系反アサド系武装組織を叩くロシアをどうしても許せなかった。さらにトルコはISが本当に弱体化してしまうと、シリア国内のクルド人系武装組織PYDを勢いづかせるため、ISを本気で叩こうとはしていないという。

ISを叩く空爆といいながら、本音は逆で、ロシアや欧米の諜報関係からはISとトルこの蜜月がたびたび指摘されている。ロシアの対外情報局（CBP）筋の情報によれば、「ロシア戦闘機が撃墜された直後、2015年12月、ロシア軍参謀本部機動総局のセルゲイ・ルドスコイ局長が会見で、こう公表したのです。シリアとイラクのIS支配地域からトルコ領内に石油を輸送している3つの主要ルートを掴んだ。ひとつは西ルートで、地中海沿岸のトルコの港につながっており、北ルートは、パトマの製油所に向かっている。東ルートは、ジャズリの居住地区にある積み替え拠点につながっているという。そして同局長は証拠として衛星写真まで提示したのです。その衛星写真には、ISの支配地域からトルコへ向かう石油運搬車の車列が写っているという、驚くべきものでした」

そして、同様にロシア諜報機関から公表された、さらに驚くべき情報を明かした。

「この組織的な密売に、一番深くかかわっている人物として、ロシアはエルドアン大統領の娘婿でエネルギー省担当大臣のベラト・アルバイラクを名指ししている。これにはトルコ側から、根も葉もないデッチあげと激しい反発が起きた」

イスラム過激派組織ISから大量の石油がトルコに密輸されているとの情報は、アメリカもとっくに掴んでおり、アメリカ軍がシリア東部でISの石油事業責任者を殺害した際、その部隊は、トルコ当局者とISの直接取引の証拠となる文書を入手したという情報がある。

ＩＳが盗んだ石油の販売先として、以前からトルコが関わっているという話は前項でもサラリと指摘したが、ロシアから証拠写真まで突き付けられたことで、まさにイラクやシリアの内戦・紛争が国際エネルギー争奪戦である証拠が示されたことになるだろう。

トルコの裏表の激しい行動としたたかな外交には、草食系のわれわれ日本人は、ただ驚くばかりだ。

トルコが本当に目指しているものは何か。そもそもなぜトルコはシリア紛争に介入したのだろうか。

もともと米ソ冷戦時代から、シリアはソ連側、トルコは欧米支持で対立していた。しかし今のエルドアンの与党、公正発展党政権になってから、両国関係は改善しつつあった。

しかし、アラブの春、ジャスミン革命を機にシリアにも政権打倒の波が及んだ。

２０１１年、トルコのダウトオール外相は、シリアが自国内の反政府デモ弾圧を止めないことに対し、資産凍結や武器取引停止など経済制裁を科すと表明。エルドアン大統領はアサド大統領に辞任を迫った。

それまで、エルドアンとアサドは家族ぐるみで付き合うほどの仲だったという。そこに何があったのか。アサド大統領は一部メディアの取材にこう答えていたという。

「変わったのはエルドアンだ」

そこにあるのは、エルドアン大統領が、トルコをもう一度オスマン帝国時代のような大国として復活させたいという野望が渦巻いているという見方が強い。実際に、腐敗した中東の王族よりも、カリフ制を復活させるならエルドアンがふさわしいと考えるイスラム教徒は多いのだという。

「２０１４年に大統領になったエルドアンの公邸は７００億円から１０００億円をかけて、１０００室もの部屋があるという。そこでエルドアンは毎日、さらなるトルコの隆盛を考えている。トルコ共和国の源流は13世紀から20世紀初頭まで６００年もの間、地中海、北アフリカ、西アフリカ、東アジアまで広大な領土を有したオスマン帝国。経済成長率５％から７％を成し遂げたエルドアンは、オスマン帝国の復活を狙っている誇大妄想の徒だと言ってもいい。だからＩＳをその手先に利用しようとするし、カネになることはどんな汚い手を使ってもやるし、戦略もしたたかだ」（中東情勢シンクタンク関係者）

戦略物資の一つがＩＳの石油だが、それだけではない。前章でも登場した元米政府関係者は次のように指摘する。

「サウジが手を引いたのに代わり、ＩＳに武器とカネを与えるようになったのはトルコだった。ＩＳはシリアやイラクでクルド系組織とも戦闘を繰り広げている。戦場で傷ついたＩＳ兵士をトルコのナイチンゲール群が手当てをしては、再び戦場に送り出した。さらに欧米やアジアからの若いＩＳ志願兵がイラクやシリアに入るルートはほとんどすべてトルコ経由だ。つまり、トルコが認めているということだ」

トルコとＩＳとの関係に変化が生じたのは、２０１５年以降である。7月に南東部スルチでクルド人支援団体を狙ったＩＳ（イラク・レバントのイスラム国）の自爆テロが発生、30人以上が死亡すると、10月10日には首都アンカラでＩＳによる自爆テロが発生、１００人以上が死亡した。翌11月にトルコ南西部アンタルヤで開催されたG20サミットやアンカラを標的にしたテロを計画したとしてＩＳ関係者が拘束され、取り締まりが強化されると、２０１６年1月と3月にはイスタンブールの中心街やアンカラで自爆テロが発生するなど、ＩＳによるテロが毎月発生するようになり、先述した6月のイスタンブール国際空港でのテロにつながった。背景にはこれまで激しく対立してきたシリア・アサド政権との関係改善を模索するトルコの態度変更があるとみられている。

シリアとトルコが接近すれば、ロシアに対するエルドアンの強硬姿勢も変化することになる。折しも2016年6月、イギリスのEU離脱が国民投票で決まると、NATOの対ロ連携が揺らぐことを恐れたエルドアンは、2016年6月27日にロシア大統領府に宛てて、撃墜されたロシア軍機の遺族に謝罪する手紙を送った。詫びを入れたエルドアンは、8月9日にプーチンと会談し、関係正常化をアピールした。これは国際政治上の駆け引きなのであり、エルドアンは先のクーデター騒ぎに一枚かんでいたとみる、アメリカを牽制したのだ。ロシアとトルコの対立は、NATOの結束次第で、いつ再び軍事対立に発展してもおかしくないのである。

トルコの全方位外交

撃墜事件までは、ロシアとトルコとの経済関係は順調に発展していた。貿易額は300億ドル（日本円で約3兆4500億円）を超える。しかも、年間450万人のロシア人旅行客がトルコに渡航しているというから、日本における中国人観光客の爆買いに準じるほどの経済効果だ。それがロシア軍航空機撃墜で一気に冷え込んだら、最大の被害を受けるのはトルコではないか」（国際政治アナリスト）

トルコ社会・経済・政治研究財団の最新データによると、ロシアとの関係悪化によるトルコの損失は110億ドル（約1兆2650億円）にのぼるという試算もある。

しかし、ここでもうひとつ忘れてはならないのは、エネルギー分野におけるロシア・トルコ間の協力計画がどうなるのかだ。ロシアは当初、2015年から約2380キロのガス・パイプラインを黒海からブルガリア、そしてイタリアに通す計画「サウス・ストリーム」プロジェクトを立てていたが、EUが法規違反だと反対したことで、ブルガリアが許認可を出せず、断念に追い込まれていた。

それに代わって急浮上したのが「トルコ・ストリーム」プロジェクト。黒海からトルコにパイプラインを通す計画で、ロシア側の想定ではトルコの先、東欧のハンガリーまで至るという。予定される建設費はロシアからトルコまでの区間だけでも、日本円換算で約1兆6000億円。年間輸送量は最大で630億立方メートルに達する巨大な計画となる予定だった。

しかし、ロシア軍機の撃墜で、このトルコ・ストリーム計画に暗雲が漂い、暗礁に乗り上げた。その後サウス・ストリーム計画復活の情報もあるが、依然としてストップしている現状に変わりはない。

ガスだけではない。ロシアの援助で着工された原発計画もアップアップだ。トルコ初の原発として2016年から着工し、2020年供用開始予定だったアックユ発電所計画（1200MW級のVVERを4基建設）も白紙に戻っている。

つまりエルドアン大統領の強引な政治手法が、トルコ経済を揺さぶっている。2016年7月15日の軍によるクーデター未遂事件も、国内外の批判や懸念の声を歯牙にもかけないエルドアンの強権政治に反発したグループが起こしたものだ。

強気の姿勢を崩さないエルドアンは、国内の敵対勢力を徹底的に弾圧しつつ、今度は難民問題でEUにゆさぶりをかけている。

欧州に押し寄せるシリア難民に頭を抱えたEU、とりわけドイツのメルケル首相がトルコに泣きついた。30億ユーロ（約3900億円）を払うからトルコで難民を受け入れて欲しいというのである。トルコにはシリアからの難民が約270万人も滞留している。そこでメルケル首相は、トルコの悲願であるEU加盟交渉を再開させる約束をした。トルコ国民にしても、公共事業にお金をつぎ込んで経済成長率を一気に高めたエルドアンは当初、人気が高かった。しかし、反政府的言動を取るメディア関係者を次々と逮捕し、ロシア機撃墜など毀誉《きよ》褒貶《ほうへん》の激しいエルドアンに国民は不安と懸念、不信を抱き、支持率も下がっていた。そこでクーデター未遂事件が起きたのである。

だが今後、トルコ国民の希望であり夢ともいえるEU加盟、さらにその恩恵としてEUとのビザなし渡航も加わるとなったら、エルドアンの大国復活の夢はまだ続くかもしれない。先述したイランとともに、2030年の中東で大国化するトルコの動向から目が離せない。しかしEUもイギリス離脱の影響で先行きが危ぶまれ、異端児トルコを加えるとなるとマイナスの影響が大きいだけに、対トルコで慎重姿勢は崩さないだろう。それでも、エルドアンは強気で攻めつづける。

対アメリカ、対イラン、対ロシア、対ISと、その時々の風向きにあわせた思惑で、風見鶏のように目まぐるしくスタンスを変えてきたトルコは、一時、裏で手を握っていたとされるISから、今や連続的にテロを仕掛けられている。

アメリカ主導でロシアも加わったISへの空爆は、ISの拠点、その支配地域にある石油精製所やパイプライン、運搬トラックまで標的にし、なんとか資金源を断とうと必死だ。

しかし、フランス政府関係者は言う。

「爆撃の結果、ISの石油生産量は最盛期に比べて半減した。だが、それでも日産3万〜4万バレルに上り、毎日1億円から2億円相当の収入をもたらしている。それだけではない。ISは民間人やトラック業者、さまざまな地域の人たちに通行料や税金めいたものを次々と課して、膨大な集金システムを構築した。裏でトルコやイスラエルのように抜け道を用意しつづける国がある限り、ISの勢力はそう簡単に弱まることはない」

アメリカがISへの攻勢を強めることで、中東と世界にさらなる混乱が起きることだけは確かだ。

第三章

アメリカの新エネルギー戦略
シェール以後の
原発・再生エネ発電

シェール革命の真実

第一章で触れたアメリカの「シェール革命」で、世界のエネルギー地図は大きく塗り替えられた。日本が太平洋戦争に突入したのもそうだったが、湾岸戦争やイラク戦争も、すべて原油獲得の争いが、近現代の世界史を動かしてきた。アメリカの経済発展、米軍の介入によってこの地域を抑え込み、中東の原油を獲得しなくてはならないという強い意思が、歴代のアメリカ大統領にはあった。それが「シェール革命」でガラリと変わった。アメリカは、いつのまにかサウジアラビア、ロシアを抜いて世界一のエネルギー大国となっていた。そのアメリカ国内への影響について、本章では注目してみたい。

まず改めて「シェール革命」とは何かを詳述していく。第一章と重複する点があるかもしれないが、ご容赦願いたい。シェールオイル／ガスが注目されたのは1800年代と古い。地下深くのシェール層に膨大なエネルギー、シェールオイルとシェールガスが含まれることが判明したためだ。シェールガスはLNGと同じメタンが主成分、シェールオイルは石油とほぼ同成分だ。しかし、技術的に採掘が難しく、採算もとれないと半ばあきらめていた。

それを可能にしたのは、アメリカの命知らずで、開拓魂にとんだ無名のパイオニアたちだった。シェールガス、オイル事情に詳しいアナリストのひとりが、こう解説する。

「2000年前後に掘削業者の間で、フラッキング（水圧破砕法）の技術が流行し始めたのに目をつけたパイオニアたちは、シュルンベルジェなど従来の巨大企業に挑み始めた。これは水、砂、化学物質の混合物に圧力をかけて油井内へ送り込むことで岩に割れ目を作り、天然ガスや原油を抽出する技術。これによって、シェールオイル／ガスの採算ラインでの採掘に成功し、ついに革命が起きたのです」

そして前述したように、アメリカでは石油業界の共和党へのロビイング活動の結果、与党民主党をねじ伏せる形で、40年ぶりに原油の輸出が解禁されることになった。新たな石油輸出国・アメリカの生産量は石油輸出機構（OPEC）の盟主サウジアラビアを抑えて世界トップに躍り出た。

石油輸入国であったアメリカが、これにより、輸出国の仲間入りを果たし、生産量トップになったという大きな変化に加えて、この原油輸出解禁措置が、世界の原油供給量をさらに引き上げ、供給過剰につながるとの観測が広がった。原油価格の決定に大きな力を持つサウジアラビアはなんとしても、コントロール不可能な「ゲリラ部隊」、アメリカのシェール業界を潰したい。さもなければ、価格決定権をアメリカに奪われかねない。そこでサウジが仕掛けたのが原油の低価格維持作戦だった。

サウジの仕掛けは効いた。アメリカにエネルギー革命をもたらしたと思われた「シェール革命」に冷や水が浴びせられた。倒産危機に追い込まれる企業が続出、さらにアメリカ金融界にも波及しかねないレベルになった。

確かにエネルギー産業は、よほどの大企業でもない限り、常に相場に振り回され続ける。例えば1986年以降、アメリカでは半数以上の原油産油企業が倒産した。今回は、そうした市場経済の原則に加えて、サウジの意図的な仕掛けの相乗効果である。

2015年9月、アメリカのシェール大手、サムソン・リソーシーズ社が41億5000万ドルの負債を抱え倒産した。クイックシルバー・リソーシズ（負債総額23・5億ドル）に続く大型の倒産である。さらにエクソン・モービルに次ぐ全米第2位の天然ガス生産企業、チェサピーク・エナジーも苦境に立たされている。2015年から16年にかけて、北米の石油・天然ガス85社が破産申請し、負債総額は610億ドル以上に上った。

2016年2月に入り、アメリカのウォール・ストリート・ジャーナル紙がチェサピーク・エナジーの「破綻間近」と書くと、同社株は乱高下して売買停止を繰り返した。現時点で企業側は破綻申請の噂を否定している。

しかも、こんな折、さらにチェサピーク・エナジーを追い詰める事件が発生した。同社のオーブリー・マクレンドン元最高経営責任者（CEO）が2016年3月2日、オクラホマシティーでの自動車事故のため56歳で死亡した。同元CEOはチェサピーク社時代の石油・天然ガスに絡んだリースの不正入札で共謀した罪で、前日の1日に起訴されたばかりだった。

「警察当局が会見で明らかにしたところによると、マクレンドンの車は壁に衝突し炎上したという。スピードの出し過ぎが原因の一つだったのは確実というが、業界でもまた事件記者の間でも、自殺説と他殺説が飛び交っています」（アメリカ新聞社記者）

マクレンドン元CEOの起訴は2007年12月から2012年3月にかけ、大手石油・ガス会社2社がリース入札で競い合わないよう画策した疑惑だ。この疑惑に元CEOは「司法当局の主張は誤りだ」と真っ向から争う姿勢を示していた。

マクレンドン元CEOのシェールに対する思いと行動は、業界では伝説的でもある。まさにアメリカンドリームここにありだ。世界の大手エネルギー生産会社が関心を示さなかった掘削・水圧破砕の革新的技術を駆使してシェール革命を主導した草分けといわれる。チェサピーク社を1989年にたった10人で立ち上げた。その前にマクレンドンは大学卒業後に友人と組んで、土地の権利を売買するランドマンの仕事からスタートしていた。
「ここは石油が出そうだ、という土地を物色、所有者に石油、ガスの掘削権利を借りる仕事。誰も、どこの馬の骨かわからない人間に掘削権など貸与しない。相手にされないのを土下座に近いお願いをしながら交渉を重ねたといいます」（前出アナリスト）
多額のキャッシュをボストンバッグならぬアルミケースに詰め込んだマクレンドンは、まさにブローカー。一つずつ土地を借り、その点を面にして鉱区を完成、大企業に持ち込み、大きなカネにした。その資金を元手にチェサピーク社を立ち上げる。さらにマクレンドンは水平掘りと破砕法でシェールの鉱脈を見つけた。こうしてチェサピーク社はアメリカで最も多くの鉱区を押さえる企業に成長していた。
「しかし、シェールガス企業は過剰生産でガス価格が5分の1に暴落。さらに資金調達は産出ガスの一定量を提供するという、この業界独特の資金調達方法を取っていた。産出ガス量を多く見積もって融資を受けていたため、いざ返済段階になると返済分のガス量産出ガスに占める割合が高くなって、ガス価格が下落すると結果として経営を圧迫することになったのです。また採算の取れない油田を、次々と閉鎖したことから総量も少なくなり、経営はますます圧迫。チェサピーク社もその例に漏れず、やがてマクレンドンはリース料疑惑のみならず経営責任を問われて、自ら育てたチェサピーク社を追放されてしまったのです」（同アナリスト）

さらに、このシェール企業の苦境に追い打ちをかけているのはガス産出企業だけではなく、採掘のための水圧破砕技術を手がけるフラッキング企業も数十社がリスクを抱えているという。石油・天然ガス探査会社を支援して油井の掘削とフラッキングを行う企業の大半は、創業後数年の小規模な未上場企業だ。２０１６年前半、エネルギーアナリストはアメリカのフラッキング能力の最大で半分が稼働していないと述べた。

さらにシェール企業を追い詰めているのはハイリスク、ハイリターンの『ジャンク債』だ。シェール企業の採算悪化で暴落の危機にさらされている。ウォール街では第二のリーマンショックさえ懸念される状態だったという。

証券アナリストが言う。

「ジャンク債市場はリーマンショック以降の低金利時代の下、ハイリターンを求める投資家の間で人気を呼び、その世界規模は現在２兆ドル。ジャンク債市場で圧倒的にパワーを持っていたのは国営ベネズエラ石油やブラジルの国営ペトロブラス石油。いずれも原油価格の暴落で倒産寸前だ。

ジャンク債は現在ETF（上場投資信託）などを通じて個人や年金が大量に保有する。シェール企業の倒産が相次ぐと、ETFを解約する顧客が増加し、エネルギー関連のジャンク債を市場で売らざるを得なくなる。ジャンク債はサブプライムローン債と同様、市場の流動性が乏しいから、売りが続出すれば市場で価格がつかなくなる。そうなればETFを解約しようとした投資家たちがパニックを起こし、第二のサブプライムローン騒動になりかねない」

苦境に立っているのはベンチャーばかりではない。大手石油資本ロイヤルダッチ・シェルは240億ドルを投じた開発が失敗に終わった。日本でも住友商事がテキサス州のシェールオイル事業で1700億円の損失を出すなど、赤字に追い込まれた商社は多い。

だが、ここで振り返ってみたい。もともと石油業界は、歴史をさかのぼると、弱小業者が競い合い、そして、それが倒産、併合を重ねて淘汰、サバイバルを繰り返してきた。70年代までに、再編によりテキサコやシェルなどのメジャー7社になる。当時「セブンシスターズ」といわれた。それがさらに併合、買収を繰り返し、今や4グループになっている。

サウジの挑戦を受けても、意外としぶといシェール業界

「1バレル80ドル以下では採算があわないので、シェール業者は全滅だ」といくら指摘されようと、かつての石油業界がさまざまな経営危機を、技術革新で生き延びてきたのと同様、シェール業界にも生き残る業者は必ず出てくる。

また、採算分岐点が80ドルというのも、少しずつ技術革新で改善され、今や40ドルでも経営が成り立つシェール業者が生まれつつある。

OECD傘下の国際エネルギー機関（IEA）も2016年2月、米産油量が2021年までに過去最高となる見通しを示している。IEA報告書では、米産油量は16年、17年とやや減少するものの、その後、根強い世界のエネルギー需要に応えて、日量1420万バレルまで増加するとの見通しだ。また米シェールガス生産量の減少幅は、16年日量60万バレル、17年日量20万バレルと予測。しかし、その後は上向き、2021年にはなんと日量500万バレルに回復するとした。将来、シェールガスはサウジアラビアの思惑を裏切って、さらに増産する傾向にあるのだ。

実際２０１６年６月に入り、原油価格が１バレル＝40ドル台後半に回復すると、アメリカの大手や中小の独立系石油生産業者はシェールオイル／ガスの増産に乗り出した。同年７月中旬の米国内の掘削リグ稼働数は４４７基で、数十年ぶりの低水準を記録した５月からおよそ10％回復したという。

価格急落でシェールガス業者を潰そうとしたＯＰＥＣの策略に、アメリカのシェール業界が逆に発奮し、採算分岐点を引き下げる経営努力と技術革新を進めた。さらに業者間のＭ＆Ａ（合併・買収）を積極的に行い、効率化も進められている。

例えばアメリカ原油生産業者で２０１５年、事業買収に最も投資したＷＰＸエナジーは２０１６年に入り、大量の株式売却で資金を調達した。新たな油田購入資金だという。一部の業者幹部からは、シェールガスの掘削作業が全米で拡大するには１バレル40ドル以上で採算が取れるが、経営安定には１バレル60ドル以上が必要とのこと。同ＷＰＸエナジーのマンクリーフＣＥＯは「50ドル付近を維持できるかどうか見守りたいという人が多い」と話した。いずれにしてもシェールオイル／ガスは徐々に回復している。そして、ここからさらに飛躍するには、フラッキングが環境面で悪影響を及ぼすとの懸念を払拭する必要がある。

なぜなら、シェールガス掘削に対しては、アメリカ国内でも環境保護の面から反対する空気が年々強くなっているからだ。将来のためにもそれを払拭しておく必要がある。

その理由について、簡単な解説をしておこう。

① 大量の水を使用することへの懸念

アメリカ環境保護局によると、2010年にフラッキングに使用した水量は、約2650億リットルから5300億リットルで、人口5万人の都市50個分に相当するという。これらの水は地下水を汲み上げ、タンクローリー、トレーラーによって運搬される。大量の車が行きかうことで排気ガス、交通渋滞、さらには下流域での水不足につながっているとの指摘もある。

② 有毒化学薬品が使用されている懸念

フラッキング採掘法は、シェール層（頁岩層）の岩盤に人為的に割れ目（フラクチャー）を作り、そこに大量の水と化学薬品を流し込んでガス／オイルを採取する技術だということは前に説明した。深さ2000～3000メートルの坑井を掘り、そこから今度は水平に2キロメートルから3キロメートルの横穴を掘り、ガスやオイルを採掘する。フラッキングには約600種類前後の化学薬品を使用する。中には毒性のあるものが含まれているという。しかしシェール業者は、どんな薬品を使っているか、オープンにする法的義務はない。そのため最近では、それを義務付けようとする住民運動も活発化しつつあるという。

それらの化学薬品が地下水に混入するおそれ、あるいは採掘したガスやオイルの混合液を一時的に保管しておくピットや運搬するパイプラインからの漏洩で、河川や土壌が汚染されることも懸念材料だ。

③ 大気汚染

フラッキングにはベンジンなどの揮発性の高い化学薬品が使用される。またプロセスの途中でメタンなどが発生することもある。使用された大量の化学薬品が空中に放出されると、大気汚染の恐れもある。

④ 地震を誘発する懸念

最近、シェールの掘削現場周辺では多数の地震が発生しているのではないかという指摘がある。将来的には掘削クラックや地殻変動を放置すると最大でマグニチュード7クラス、2016年4月に起きた熊本地震レベルの大地震が起きても不思議ではないという懸念がある。

以上から2015年にはニューヨーク州でフラッキングが禁止され、北東部バーモント州に続いて2例目となった。またフランスでも2011年に水圧破砕法を禁止する法律が成立。ドイツも2016年に、7年間開発を認めないことを決めた。

しかし一方では、イギリスのように、シェールガス、オイル採掘を一時禁止していたのを、2015年に27か所で許可した国もある。

今後、こうした環境面での懸念や化学物質に対する懸念を払拭しなければ、アメリカのエネルギー戦略に狂いが生じる可能性がある。

では日本にとって、シェール革命の影響はどうなのか。

アメリカ本土では、シェールオイル／ガスの価格は日本の6分の1程度。北米大陸から輸出され、大西洋ルートで欧州に行けば5割増しになる。太平洋ルートで日本に行く場合、さらにヨーロッパ向けの2割増しとなる。結局、現時点では中東やブルネイなど、既存の輸出国の天然ガスを日本にもってくる値段とほとんど変わらない。日本は資源小国のため、どうしても足元を見られて、高く売りつけられる。

2年ほど前、シェールガスが大きく注目されたとき、日本でも資源エネルギー庁やマスコミを中心に「脱原発の筆頭候補」と大騒ぎした。筆者たちは、これは相場だからやめておいたほうがいいと忠告した。しかし、誰も聞く耳を持たなかった。案の定、2年経って投資の結果は商社を筆頭に、惨憺たる現状だ。アメリカの将来は明るいが、日本にとっては話が違う。これから先どうなるか、まだまだ未知数だ。日本のような買う側は、いつ価格が高くなるか分からない、いつ無くなるか分からないという危機感をもって見ていかなければならないという教訓だ。

アメリカはサウジアラビアの原油の枯渇を見越している。サウジの原油生産は2030年ごろから徐々に減っていくというのは、世界のエネルギー事情通なら誰もが知っていることである。一方で、イランはまだ当面は大丈夫。だからアメリカや欧州は宗教的対立や中東和平という話とは別次元で、イランとのビジネスを進めようとしている。

繰り返すが、アメリカはシェールガスや原発を含めて、自国でエネルギーを100％自給できる。それでも他国のエネルギー資源を欲しがるのは、世界中の国家にとってエネルギー資源がもつ威力と怖さを知り尽くしているからだ。

近い将来、アメリカ大統領がイランに乗り込むとき、エネルギー関連の企業関係者を多数引き連れての訪問になるはずだ。それは中国の習近平主席やロシアのプーチン大統領も同じだった。

もし安倍首相がイランとの関係改善でトップセールスのチャンスとみれば、多くのエネルギー関連企業のトップを引き連れて訪問するだろう。しかし、世界は、やはり広大な土地と人口を持つ米中ロがどう動くかで変わる。日本やヨーロッパ諸国もそれなりだとは思うが、やはり国土と人口規模からみて、影響力は小さい。

アメリカはエネルギー安全保障の面でさらに強くなる

アメリカの強みは、もはや原油価格が高くなっても安くても、どちらでも対応できるようになったこと。それでも中東に手を突っ込むのは、資源価格がどちらに転んでも儲けられる構造をさらに強固にしていくのが狙いだ。読者はアメリカについて「エネルギー自給を達成し、輸出もできるのに、なぜイランにまで行ってエネルギー確保に動くのか」という疑問を持つだろう。イランの利権を押さえれば、アメリカ企業が次に儲ける手段になるということだ。自国内で資源を確保して、さらに他国で利権を狙う。

アメリカ一国覇権の時代が終わり、国力が衰えたと思われていたアメリカは、エネルギー戦略によって再び世界ナンバーワンの力を取り戻したといえる。

これから先、世界のエネルギー供給の要であるペルシャ湾が、仮に機雷封鎖されるような有事が起きても、アメリカのエネルギー分野での優位は動かない。日本や中国など、それ以外の各国の命脈が尽きてしまう可能性もあるのに、だ。

アメリカ軍と国防総省の論理では「世界秩序の崩壊は放置できないから介入する」ということになる。しかしホワイトハウスにしてみれば軍事は軍事、経済は経済と別に考えるから、もはや資源面で依存していない以上、中東がいくら混乱しても、それほど問題ではないという見方もありうる。ロシアの（半国営）独占企業ガスプロムもシェアの面では強いが、アメリカの強さはその比ではなく、マーケットに影響を与えるのはやはりアメリカ企業、アメリカ政府とその同盟国である。

しかもアメリカのエネルギー省は、２０１８年までに１００％自国でエネルギーを調達し、純輸出国に転じると高らかに宣言している。繰り返すが、本当に実現しなくてもよい。そう宣言することに政治的意味がある。何年か後に完全自給を達成するとアナウンスするだけで、その事態を想定した産油国や世界各国の思惑が変化し、自国有利になっていく。

アメリカのエネルギー政策の強度を支えている一端はシンクタンクと金融関係者だ。投資、証券、そしてエネルギー関係者。エネルギー界と金融界が二大ロビーである。エネルギーを牛耳ってきた大物を列挙すれば、世界的に知られた人ばかりだ。ジョージ・W・ブッシュ大統領時の副大統領ディック・チェイニーはハリバートン社の経営にも一時CEOとして参加していた。ハリバートンは世界最大の石油掘削機の販売会社。イラク戦争後のイラクの復興支援事業や、アメリカ軍関連の各種サービスも提供していることから、湾岸戦争とイラク戦争で巨額の利益を得た。さらに今日ではシェール開発業者に、掘削のための技術的サービスを提供する最大手の企業となった。チェイニーは、この会社の最大の個人株主でもある。

そして一大石油帝国を作り上げたロックフェラー財閥は、外交誌『フォーリン・アフェアーズ』で知られる超党派のシンクタンク「外交問題評議会（CFR）」を主宰し、アメリカの対外政策を事実上動かしている。その華麗な一族の政治介入を見てみよう。

スタンダード石油創業者の初代ジョン・D・ロックフェラーの孫ネルソン・ロックフェラーは共和党フォード政権の副大統領。ネルソン副大統領の弟ウィンスロップ・ロックフェラーはアーカンソー州知事を務めたあと、のちに同州知事、大統領となるビル・クリントンを支援した。その息子ウィンスロップジュニアは1999年アーカンソー州副知事。ネルソンの弟デヴィッド・ロックフェラーはチェース・マンハッタン銀行のCEOを務めた外交問題評議会の名誉会長である。ネルソンの甥が日本に留学経験のあるジョン・D〝ジェイ〟ロックフェラー4世上院議員（民主党、元ウエストバージニア州知事）であり、数々の上院委員会で委員長を歴任している。

その影響力は共和・民主の両政党に及び、人脈も多岐にわたる。例えばスタンダード石油カリフォルニア重役のカーラ・ヒルズはブッシュ政権時代に日本経済界に不当な圧力をかけた通商代表。ブッシュ本人がテキサス州で設立した石油採掘会社「アルブスト・エネルギー」は、ロックフェラー財閥の肝いりだった。

TMI事故処理の特筆すべき点

ところで、日本人がほとんど知らない一種の盲点として、アメリカの原発政策と原発稼働状況がある。その現状についてここで触れておきたい。

というのも偏ったマスコミ報道によって、1979年のTMI（スリーマイル島）事故後、アメリカでは原発は一基も新しく作られていない。つまり、米国内では原発は死んだという印象を多くの日本人は抱いているからだ。しかし、これはとんでもない誤解である。

その説明の前に、TMIの事故について簡単に触れておこう。

事故は1979年3月、ペンシルバニア州で起きた。原子炉内で起きた炉心溶融（メルトダウン）事故そのものは半日程度で収束したが、原子炉内の一部が放射能で汚染されたために、その後一か月にわたって、外部に放射線が漏洩し続けていた。ただし、漏洩した放射線の量は上限1ミリシーベルトで、周辺住民や環境にはほとんど悪影響を及ぼさない量だった。だが、専門家は収束が遅れれば、第二のチェルノブイリになったと指摘している。以来、アメリカでは原発の「冬の時代」といわれ続けてきたのだ。

筆者はTMI事故処理にかかわった政府関係者、米原子力規制委員会（NRC）の元委員長、廃炉担当委員などにインタビューしたことがある。彼らの統一した思いは2011年の福島第一原発の事故同様、「起きてはいけないことが起こってしまった」ということ。

ただし、TMI事故に関して、日本の福島原発での事故処理とは決定的に違うことがいくつかあった。

まず日本のように、全国レベルで「すべての原発を止めろ」という世論のうねりは起きなかった。あくまでもTMIの事故を起こした原子炉の問題であり、それを動かしていた2人の作業員のミスと原因を特定し、責任を追及した。企業はおわびや補償をしたが、それでその企業を潰してしまえとか、TMI発電所すべてを廃止したりはせず、事故を起こした原子炉だけを廃炉にした。日本のように原発全基を止めろ、などという非合理的で感情的な議論は、アメリカでは起こらなかった。

もちろん事故の反動もあった。例えば事故後、原子力工学を専攻する学生が減った。これはアメリカだけではなく、今、日本でも起こっている現象である。それと原子力メーカーに就職する学生が減った。これも日本でも同じだが、結果としてアメリカの原発産業が下火になった。だからその後、アメリカの原発企業は日本の三菱重工や東芝、石川島播磨、日立などに頼るようになった。しかしそれでも、後述するビル・ゲイツのように新たに第4世代原発に商機を見出すような新勢力もある。しかし全体的にはアメリカの原発産業は活発ではない。だが電力の多くは依然として原発でまかなわれているし、また既存の原発を丁寧に使っている。

なぜアメリカでは、「脱原発」の嵐が吹き荒れなかったのか。米原子力規制委員会（NRC）の人はこう言っていた。

「原発を一気に止めたら即、電力不足に陥る。その不足分をどこかで調達しなければならない。すると調達コストが莫大になる。さらにアメリカでも、原発は地域の産業として大きなウェイトを占めているので、即時撤廃すれば地域が崩壊しかねない」

インタビューで判明したのは、アメリカの「政治ロビイスト」が実にしっかりしていることだった。すなわちマスコミや政治家に対して「反省すべきところは反省するが、もう一方で、これを全廃すればこうした弊害も出る」と懇切丁寧に根気強く説明したという。だから、日本のようにヒステリックに全基停止などということは考えられないそうだ。彼らは「日本だけが特殊な世界。これはおかしい。早く動かせ」と進言してくれた。そしてこうも言及した。

「稼働しても大丈夫なものを動かせば、原発の代わりに化石燃料代金が年間8兆円～13兆円もかかっていた、無駄なコストが浮く。そのお金で原発をより安心安全にする投資ができる。動かさなければ投資するお金もなくなり、廃炉もできなくなる。廃炉にも莫大なお金がかかるのです。つまり安全のための設備投資もできないし、廃炉も進められないという二重、三重苦に陥る。それはロジックとして間違いだ」

ただ彼らは上品なので「非合理的」と非難はしない。日本人は「きちんとしすぎ、堅い」という表現。だが筆者が「日本人は非合理的ということか」と質問をぶつけると「そういうことだ」と肯定していた。そして、こうも指摘した。廃炉のプロセスを進めなければいけないのに、このままでは福島第一原発が「廃墟」になってしまう。「廃墟は絶対だめだ。人がいなくなってしまうから廃炉作業さえできなくなる」と。

火事が起きているのに、延焼途中で消防士が帰ってしまってはならない。鎮火するためには30年、40年かかる。そのためには人とカネが要るのだ。

事故後のアメリカ原発政策

さて、アメリカではTMI事故後、原発政策をどうしたのか。そしてどのように原発を稼働させているのか。もう少し歴史を追いながら具体的に説明しよう。

NRCは2015年10月22日、国内最大の公営電力会社、テネシー川流域開発公社（T

VA）のワッツバー原子力発電所2号機に運転認可を与えた。建設工事は長年にわたって停止と再開を繰り返してきたが、今回NRCの認可を得たことで、最終稼働に動き出した。建設費用およそ60億ドル（約7246億円）のワッツバー2号機は出力1150メガワットで発電できる。

TVAがワッツバー原発2基分の建設許可を取得したのは1973年。2号機の建設は1985年に一旦停止された。建設作業中止理由は、2号機が発電する電力が需要の面で必要とされない見込みとなったため。1号機は1996年に運転を開始している。

2号機の建設が一時中止されたのには、別の背景もある。1985年当時は原油価格が非常に安かった時代であり、原発は必要ないと判断されたのだ。

しかし時代は変わる。新興国の発展で化石燃料の価格が上がり、アメリカ政府は二酸化炭素（CO2）排出量の多い石炭火力発電所の廃炉を推進し、発電事業に伴う環境汚染を厳しく取り締まっている。米国ではCO2を排出しない電力供給の約6割を原発が担うようになっている。米原子力産業の政策研究機関である原子力エネルギー協会（NEI）は「国内既設の原子力を維持しながら、もっと多くの新施設を建設しなければ、電力部門では温室効果ガス排出量の大幅削減を実現できない」と訴えた。

そうした中、ワッツバー2号機は動き始めた。TVAのビル・ジョンソン最高経営責任者（CEO）は記者会見で「2号機は今後数十年間、手頃な値段で安定したエネルギーを供給することになる」と語った。

今、アメリカ国内の商用原子力発電所は99基（2016年5月時点）である。ピーク時の1990年には112基が稼働していたが、13基が老朽化などから閉鎖・廃炉となった。現在稼働中の原発すべてがTMI原発事故以前に建設されたもので、稼働年数は軒並み40年を超えており、60年までの延長が承認済みなのは83基にものぼる。原発会社はシェールガスとの価格競争にさらされており、発電出力が小さく、複数の原子炉を持たない原発は、運転管理コストが割高となる。

米国では、原子炉で燃やされた使用済み燃料を、そのまま廃棄できるワンスルー方式を採用しており、多大なコストがかかる核燃料再処理施設を建設する必要がない。原発からの撤退は発電所の採算が合わないという理由だけで、電力会社が決定できる。

それでも現在、原子力発電は米国の総発電の19％を占める主要電源だ。そしてオバマ政権は、原子力をクリーンエネルギーの最有力と位置づけて、推進することを決定した。同大統領は東日本大震災での福島第一原発事故の直後、エネルギー安全保障について演説し、原子力を大いに利用していくと強調したことに、多くの人が驚いた。

前記したようにアメリカでは、1979年のTMI原発事故後、新設原発はなかった。新設方針についてオバマ政権はずっと立場をあいまいにしてきたが、2011年に初めて原発推進を打ち出した瞬間だった。

積極姿勢を打ち出した背景に、何があったのか。政権が最優先課題と位置づける地球温暖化対策法案を成立させるため、原発推進派の多い共和党の協力を取りつける狙いがあったのだ。

オバマは演説で「安全でクリーンな新世代原発の建設」を明言。ブッシュ前政権時代、「2005年エネルギー政策法」で原発向けに185億ドルが連邦政府債務保証枠として確保されたのを、オバマ大統領は3倍にまで引き上げると宣言した。

これを受け、NRCには原子炉の新設・運転を認める一括運転許可の申請が相次ぐ。そうした中、2012年にNRCは34年ぶりにジョージア州とサウスカロライナ州で原発(2か所4基)の新設を認可。これらの原子炉にはいずれも第3プラス世代の原子炉が使われる。この第3プラス世代炉は従来の原子炉と比べて、冷却系統の多重化、耐震性の向上など、より先進的な安全方策を導入している原子炉だ。

このほか、前記したように1973年に建設が開始されたものの、電力需要の低迷で一時中断していたテネシー川流域開発公社（TVA）のワッツバー原発2号機が2015年12月に完成、TMI事故以来初の原発完成となった。

かつてアメリカでも、原発の運転ライセンス期間は40年といわれたが、ここにきて更新すればさらに20年間延長でき、最長60年の稼働が可能であるという方向に変わってきた。実際、原発新設には多大なコストがかかるため、電力会社の中には減価償却が終わりつつある既存の原発を修理・維持しながら、将来的には運転期間を80年に延長したいと考えているところもあるという。

80年というのはまだしも、原発が60年間稼働するのは、さまざまな原発にかかわってきた専門家からみても現実的な期間といえる。原発先進国アメリカでは、メンテナンスをしっかりやれば60年稼働可能としているのだから、日本の原子力規制委員会も一律に「40年で廃炉」などという「死刑宣告」は即刻止めるべきだ。非合理的だし、各原発をこれから20年延長して稼働できたら、化石燃料のコストを圧倒的に削減することが可能になる。

アメリカでは、シェール革命で天然ガス火力発電所の価格競争力が高まっていても、地球温暖化への懸念から化石燃料を使い続けることへの抵抗が年々高まっている。そのための原発稼働政策なのだ。

原発の安全性については、第4世代型の原子炉「GEN－IV」の開発が進んでいる。これは、燃料の効率的利用、核廃棄物の最小化、炉心損傷頻度の飛躍的低減や緊急時対応など、安全性・信頼性の向上を目標とする。開発は国際的な枠組みで進められ、アメリカ、日本、英国、韓国、南アフリカ共和国、フランス、カナダ、ブラジル、アルゼンチン、スイスの10か国で第4世代国際フォーラムを結成し、2030年までの実用化を目指すという。

新原子炉にビル・ゲイツも動く

第4世代の原子炉は、われわれエネルギーに携わってきた者にとって、大きな夢である。実は今から7年前、米マイクロソフト創業者のビル・ゲイツが日本の原発技術に大きな期待を抱いて動いた時期があった。

関係者の話を総合すると2009年秋、ゲイツは原発の設計を行う東芝関連の「磯子エンジニアリングセンター」（横浜市）などを極秘で訪問していたという。当時、東芝が開発する次世代原子炉「4S」の視察に訪れたのだ。

4Sは燃料交換なしで10~30年連続運転できるのが特徴だ。福島第一原発事故のように突然、電源が使えなくなった場合でも原子炉が自動停止し、自然に炉心を冷やす装置を備えており、安全性が高い。その実験を東芝が行っていた。

というのもゲイツは自分の投資先「テラパワー」(次世代原子炉の研究開発を行う米ワシントン州の先端企業)でも4Sに匹敵する『進行波炉(TWR)』と呼ばれる次世代原子炉を開発中だった。そのゲイツが東芝の4Sを褒めちぎったことで、東芝とテラパワーは技術提携を結んだ。

とはいえ、有限の資源であるウランに頼る原発は、しょせん過渡的なエネルギー源であることも確かだ。将来、再生可能・自然エネルギーへの全面的なシフトを前提として、原子炉を今すぐ全廃させるのではなく、いかに安全でクリーンなエネルギーにするかが、現実的対策に欠かせない。それを現実化するのが、第4世代の原子炉だ。

日本で第4世代の最先端を走っていたのは「高速増殖炉」だった。「高速増殖炉」は使った燃料の燃えかすに残されたウランをプルトニウムに変えることで、投じた燃料以上の燃料を生み出す「夢の原子炉」。通常原発で使うウランの埋蔵量はあと100年分もない。

増殖炉であれば2550年分のエネルギーの確保が可能だというから、資源小国の日本にとって救世主とみられていた。

しかし研究段階である日本原子力研究開発機構が進める原型炉「もんじゅ」(福井県敦賀)はトラブル続きで長期停止状態にある。東京電力福島第1原発事故後は先行きが見えず、もんじゅは与党内でも「完全撤退」との意見が根強い。

「1995年の冷却液のナトリウム漏れの事故は、水を冷却材に使う一般の原発と異なり、ナトリウムを冷却材に使うため、とりわけ大きな危険が伴っている。ナトリウムは水や空気にふれると激しく反応するからだ。事故は配管からナトリウムが漏れて火災が発生したもの。2010年5月に14年5か月ぶりに運転を再開したが、制御棒の挿入が一時中断し、運転中、警報が鳴り続ける綱渡り状態が続いた。同年8月には、重さ約3・3トンもの金属パイプが原子炉内に落下する事故が起き、ふたたび運転できなくなった。さらに、もんじゅがある敦賀半島とその周辺には活断層が縦横に走っている。もんじゅの原子炉建屋の西側数百メートルのところには、長さ15キロでマグニチュード6・9の地震を引き起こすとされる白木―丹生断層が走っており、敷地内の破砕帯(断層)は活断層の疑いがもたれているなど、もんじゅにはこれまで1兆円もつぎこまれてきたが、もうどうしようもない

と言われている」(電力関係者)

原子力のトラブルはもんじゅだけではない。福島の事故以来、大逆風が吹きつけている。しかし日本は高速増殖炉開発で培ってきた技術の維持に向けて、フランスの原発大手アレバなどと次世代炉の開発協力を進めつつあるという。

「この技術を止めれば、日本はあっという間に原発後進国になるばかりか、他の技術でも大きく後退してしまう。原発は危険なものではなく、第4、第5世代になれば、さらに安全で人間のコントロール下に置くことのできる技術になります」(原発関係者)

その証拠に次世代炉をめぐっては、ロシアや中国、インドなどが実用化に向けて研究・開発を急ピッチで進めている。ロシアが2025年に高速商用炉の運転を開始予定だという。さらに中国が2030年に商用炉を導入予定だ。原子炉でビル・ゲイツをうならせた技術を放棄することは、これまで多額の費用を費やしてきた成果をドブに捨てることだ。

「もんじゅ」型高速増殖炉が古くてダメなら、技術を生かしてさらに新しいものを作る勇気と前向きな姿勢が必要だ。それが技術立国であり、明日のニッポンを作る。東芝の原発技術力を潰してはいけない。産業革新機構の支配下に置いてでも、その培われた技術力を、日本の原発のために国をあげて護るべきだ。

アメリカの原発稼働率は90%以上

話を戻すと、アメリカの原発で特筆すべきことが、もうひとつある。

アメリカはかつて、TMI（スリーマイル島）原発事故という重大事故を起こし、原発低迷の時代も経験した。しかしアメリカの底力は、ここから発揮された。この事故を教訓として、アメリカNRCによる管理の改善や、運転技術の進歩を実現させたのだ。筆者が会ったアメリカのNRC関係者は、こう話していた。

「過去の反省を踏まえて、原発プラントの性能や運転技術が大きく向上したのです。80年代後半には60%台だった稼働率が大幅に伸び、今は90%強という高い稼働率を誇ります」

現に2016年8月、全米99基の原子力発電所の平均稼働率は98・4%となった。4基を除き稼働率91%以上、うち70基は稼働率99%以上と、過去最高の実績を記録したのである。

アメリカの稼働率が伸びたのはなぜか。主な要因は、①規制当局によるリスク評価などを取り入れた科学的・合理的な安全規制の実施。②事業者によるリスク情報を活用したオンライン・メンテナンス。つまり原発を止めないで運転継続しながら検査を行う状態監視保全の実施による停止期間短縮。③運転経験情報の分析、評価、共有及び技術支援だと、日本の経産省関係者は分析する。

一方、日本の原発稼働率は原発先進国の中では世界で最も低い。その稼働率は福島第一の事故前でも、50％から60％だ。その理由は「安全」を重んじるあまり、定期検査のたびにそのプラントの原子炉の運転をすべて停止し、機器の分解点検を行うからである。

これまで法令で定められていた点検周期は13か月。つまり1年に1回はプラントを停止させ、1か月程度の検査をしなければならない。その期間中、稼働率はゼロになる。この集積が、全体の稼働率に影響する。へたをすれば一年中止まることにもなりかねない。そのため原発を海外に売り込む場合も、その稼働率の低さで採用されなかった例もあった。

「日本では検査する機器数が多く、自然と検査期間が長引く。法令上、一つのプラントの定期検査項目数は60個程度だが、独自保全の徹底のために事業者側でチェックする機器数を合わせれば、その数は莫大になる。アメリカの場合は、同型の機器であれば複数のうち一つをサンプリングして検査するなど、厳正なリスク評価による信頼性データに基づいて、合理的・科学的な検査を実施しているのです。韓国もアメリカの検査法をまねて、稼働率をアメリカ並みに上げ、海外に売り込んでいます」（日本の原発メーカー関係者）

日本のガラパゴス的に丁寧な検査技術と手順が、逆に足を引っ張っているのだ。稼働率を上げるために政府は２００９年、アメリカの18か月〜24か月に倣い、定期検査周期を段階的に延長することを目標として、電気事業法を13か月以内、18か月以内、24か月以内とする改正を行った。

しかし、それはあくまでも日本的な、石橋を叩いて渡る安全基準に従っていることに変わりはない。それだけ安全にこだわりながら、天災によって福島第一原発が大事故となったのは皮肉だ。しかし、この事故をもって「原発ゼロ」「原発は恐ろしい」というのはあまりにも情緒的、短絡的だ。アメリカのＴＭＩの事故のように、それを教訓として、さらに安全性を高め、原発をコントロールしていく政治力が必要だ。

筆者の持論をもう一度言う。原発は過渡的な発電形態であり、いずれ再生可能エネルギーを中心とする他のエネルギー資源を用いた発電がコストダウンしていくにしたがって、そちらに転換していく。しかしまだ、そこまでには時間がかかる。何よりも、原発を止めた後は廃炉にしなければならず、廃炉のプロセスには莫大なコストがかかる。途中で逃げ出すわけにはいかない。葬式代がかかるのだ。そのコストは廃炉にするまでの原発に稼いでもらうしかない。それが最上の選択なのである。

アメリカの技術革新、新エネルギー開発にも意欲。再生エネでも世界一

アメリカでは新たなエネルギー資源として、海水を燃料に変える挑戦も始まっている。さらに液化炭化水素燃料の開発について、米軍は、将来の石油燃料への依存を軽減する可能性を持ち、「大変革をもたらすもの」と歓迎している。そうなれば、軍艦は自ら燃料を作りだすことができるようになるから、海上で燃料補給する必要がなくなり、常に100%の状態で任務に当たることが可能になる。

米海軍研究試験所によれば、新しい燃料は当初、1ガロン（約3・8リットル）当たり3〜6ドルほどのコストがかかると見られている。同試験所はすでに模型飛行機の飛行実験を済ませている。

米海軍が所有する288の艦船は、核燃料で推進する航空母艦と72の潜水艦を除き、あとは全部、石油に頼っている。この石油依存を解消できれば、原油価格が変動するコストから軍は解放される。「非常に画期的だ」と、海軍中将のフィリップ・カロムは言う。

「われわれはかなり難しい時期におり、エネルギーを生み出す新たな方法と、いかにエネ

ルギーを評価し消費するかに関する方法の革新に迫られている。安価な石油を無制限に消費できた過去60年のようにはいかない」

オバマ政権は２０１６年、地球温暖化対策としてアメリカ国内の石炭火力発電所からの二酸化炭素（ＣＯ２）排出量を大幅に削減する計画を明らかにし、次のように述べた。「我々は気候変動の影響を受ける最初の世代。しかし対策を講じることができる最後の世代でもある」と訴え、この規制を「気候変動問題に対するこれまでの取り組みの中で最も大きく重要な一歩」と位置づけた。

さらにオバマ大統領は「発電所はＣＯ２の最大の排出源だ」と述べ、連邦政府による初の排出制限策の必要性を強調。米エネルギー情報局（ＥＩＡ）の統計によると、米国内の電力供給源は２０１２年の時点で石炭がトップで37％、以下天然ガス30％、原子力19％、水力７％、再生可能エネルギーは５％だ。

しかしこの大胆な案には共和党が反対し、多くの州が規制に反対する方針を表明している。多くの企業や一般人はこの政策が実施されれば、電気料金が大幅に値上がりすると思っているからだ。しかしアメリカ環境保護局の試算では、規制導入にかかるコストは日本円で約1兆400億円。しかし経済効果は4兆円から7兆円と弾きだしている。

2016年に公表された世界資源研究所（WRI）の調査によると、アメリカはCO2の排出量を6％減少させつつ、GDPを28％も増加させることができるという。電力料金アップも経済全体の底上げがあれば乗り越えられるというダイナミックな試算だ。

そしてアメリカの再生可能エネルギーは、現状で国内全体の電力シェアの5％だが、世界の再生エネルギー発電量の中ではダントツのトップなのだ。このことはきわめて重要である。

BPが発表した、2014年における再生可能エネルギーの発電上位国は、アメリカ合衆国がトップ、シェアにして2割強を占めている。しかも原発発電量の約3分の1に匹敵し、内訳としては風力発電の割合が最も大きく、全体の3分の2を占める。

アナリストは、アメリカに続くのは中国であり、最近急速に伸びたという。第3位はドイツ、そしてスペインが続く。

「アメリカは新規エネルギー創出に対し極めて貪欲。それがシェールオイルを産み、再生可能エネルギーに対する研究も盛んに行われている。そして原発も稼働率を向上させ、世界トップレベルにまで高めた。自給に十分なエネルギー資源を手にしても、さらに貪欲に世界中の資源確保に動いている。軍用機や艦船、地上用車両のほとんどは依然として石油を燃料としているわけで、アメリカのような巨大な軍事力を持つ国では、あらゆるエネルギー資源を確保しておくことが国策上、引き続き最優先事項なのだ」

第四章

ドイツ、ロシア、中国などのエネルギー政策

アメリカの新エネルギー戦略が動き出し、中東情勢や各国の思惑も大きく変わっていく中で、世界の主要国のエネルギー政策はどうなっているのか。ドイツ、ロシア、中国などの現状について詳しく分析しておきたい。

ドイツのエネルギー事情

２０１１年3月の福島第一原発事故の直後、ドイツでは17基の原子炉が稼働していたが、同国政府はただちに全原発の停止と安全点検を命じた。ドイツでは、個々の原子炉の運転の許認可権を、州政府の原子力規制官庁が持っている。原発がある州の政府は、連邦政府の意向を受けて、１９８０年以前に運転を開始した7基の原子炉を即時停止させた。

ドイツでは２０１４年までに、再生可能エネルギー（水力を含む）の発電比率は25・８％となり、原子力の15・９％を大きく上回った。２０１３年までは、石炭火力発電の比率が最大だったが、２０１４年には再生可能エネルギーの比率が石炭を初めて追い抜き、最大となった。

メルケル政権は、再生可能エネルギーの比率を２０２５年までに40～45％、２０３５年までに55〜60%まで引き上げるという目標を明示している。2050年には、80%に引き上げるという。

だが一方で、再生可能エネルギーの発電拡大によって、電力料金が急上昇、低所得者層の家計を圧迫している。BDEW（ドイツ連邦水道・エネルギー連合会）によると、2013年の一般家庭、つまり標準世帯年間3500キロワット消費の一か月の平均電力料金を15年前と比較すると、約70%上昇した。電力料金の中に再生可能エネルギー拡大のための賦課金、電力税などの税金が占める比率は、2010年には50・2%に達し、さらに上昇している。

ドイツでは、日本同様、再生可能エネルギーで発電した電力を買い取る資金は、消費者が毎月の電力料金に上乗せされた賦課金として負担する。2014年に消費者が払った賦課金総額は3兆3040億円に達した。1998年と比較すると26倍の増加だ。

このため、2012年の夏以降、消費者団体などが政府に対して「賦課金の伸び率に歯止めをかけるべきだ」と要請している。

電気代の急速な値上がりは、特に低所得者層、年金生活者層に重くのしかかる。ある学者の調査によれば「電力料金圧迫世帯」に転落した国民の数は、過去15年間に170万人増えて、500万人になった。

筆者の試算では、2016年の再生エネ賦課金は日本円換算で2500円から2600円。ドイツではエネルギー貧困者（Energy poverty）という新たな貧困層が続々と生まれている。電気を止められた世帯の数は、2012年のデータでは32万2000世帯に上り、さらに増加しつつある。

賦課金は、製造業を中心とした企業経営も圧迫する。大口需要家の電力価格はフランスの約2倍。このためドイツの産業界では製造施設をドイツから外国へ移す企業が増え、雇用に悪影響が及ぶと懸念する声が高まっているため、メルケル政権は買い取り価格の抑制などの改革に着手した。

こうした原発中止に伴う矛盾にもかかわらず、ドイツ国内からは「エネルギーコストを引き下げるために、原子力発電所を再稼働させるべきだ」という意見は全く出ていない。

しかし矛盾が限界に達する時が、確実に近づいている。

ドイツの電力大消費地は、南部のバイエルン州やバーデン・ヴュルテンベルグ州なのに対し、太陽光発電が盛んなのは北部の山間地などだ。このため、電力を南部へ送る高圧送電線（電力アウトバーン）を建設しなくてはならないが、送電線の通る地域では、あちこちで反対運動が起きている。
「緑や樹木を大事にするドイツ国民は、鉄塔や電線を通すことに耐えられない人が多い。また不動産価格の下落にもつながる。一部地下に埋設したらという声もあるが、コスト的に難しい」（ドイツの環境問題関係者）
送電線網の整備はどの地域でも遅れ、完成しているのは全体の4分の1程度。今後電力需要の多いバイエルン州などに電力を送っている原発が、相次いで停止に追い込まれる計画だ。そうなると再生可能エネルギーによる北部の電力が、送電線の未完成で送電できなくなり、大都市部では電力需要の多い真夏や真冬に停電が起こる可能性も否定できない。ただヨーロッパの場合、特にEU内では電力の国家間融通があるので、最悪の事態は防げるだろうが、一時的にも停電すれば、その国の威信と安定は大きく揺らぐ。つまりメルケル政権の「脱原発」政策が問われることになるのだ。
もうひとつの懸念は脱原発政策の実施に伴う電力会社の訴訟だ。福島事故直後に原子炉を停止させられたエーオン、RWEなど大手電力会社4社が、政府や州政府を相手取り損害賠償訴訟、違憲訴訟、行政訴訟を起こしている。国の一方的な原子炉停止命令で憲法が保障する財産権を侵害された上、経済的損害を受けたとして、日本円で約7500億円にも及ぶ損害賠償訴訟を提起したのだ。

これらの訴訟のうち、いくつかの訴訟ではすでに電力会社が勝訴している。このため他の訴訟でも電力会社が勝訴する可能性が高くなっている。国や州が多額の賠償金を支払うことになれば、そのツケは納税者に回ってくる。

一方、ドイツで注目されているのは、国内のエネルギー消費量と国内総生産（GDP）の伸びとの相関関係が、年々弱まっている点だ。ドイツのGDPは、2013年までの過去23年間に約38％増加した。しかし2013年のエネルギー消費量は、1990年に比べて約7・4％も減っており、エネルギー効率の改善が、技術の進歩によって急ピッチで進んでいることが分かる。例えば、従来の蛍光灯や電燈とLED電球を比較すれば、省エネ効果は一目瞭然だ。エネルギー消費量の減少を、ドイツだけでなく世界中の国々が重く見ている理由は、これまで多額のお金を注ぎ込んで建設し、稼働させてきた原発、火力などの巨大プラントが、最終的に投下した資金を回収できない可能性をはらんでいるからだ。

これを象徴するニュースとして、ドイツ国内で最大の電力会社「エーオン」が、再生可能エネルギー中心に業態を大きく転換すると発表した。エネルギー産業の大きな構造転換が始まっている。「エーオン」の業態転換は同社の経営事情に由来するところも大きいが、再生可能エネルギーの技術開発が、将来の各国経済の浮沈を左右するだろう。

今後、オバマ大統領やビル・ゲイツのように、クリーンで効率が高い原子力発電を重視する選択肢がある一方で、太陽光など再生可能エネルギーがベストの選択肢という声は高まるばかりだ。実際、化石燃料の発電シェアは確実に低下していき、原発と再生可能エネルギーが併存しつつ、シェアを少しずつ高めていくだろう。再生可能エネルギーへのシフトは不可避である。ただし、脱原発を２０２２年までに達成するというドイツの目標は、先送りされる可能性がきわめて高い。

苦しいロシアの台所事情

２０１４年9月から始まった原油価格の下落は、その後も歯止めがかからず、２０１６年初頭には１バレル26ドルまで下がった（同年3月に30ドル台を回復）。

原油安の原因は、前述したように、サウジアラビアとＯＰＥＣが原油減産を見送ったことが大きかった。サウジは、ロシアへの牽制も意図している。エネルギーアナリストが言う。

「ロシアはアメリカがシェールオイルを大量に掘削するようになるまで、石油生産量ではサウジに次ぐ第2位、石油輸出額では1位だった。しかもロシアはOPECに加盟していないため、生産調整に応じない。もしサウジがロシアを原油安で痛めつけることができれば、アメリカのシェールオイル企業を倒す以上に、その後の石油輸出シェアで有利になる。サウジとしては、シェール対策と並行して、対ロシア戦略でも原油安を誘導する政策を取った。それが原油安チキンレースだ」

原油安によってもっとも打撃を受けたのが、資源大国ロシアだといってよい。原油埋蔵量は2015年のBP調査で世界6位、天然ガス埋蔵量は世界2位だ。

現在のロシア経済は、原油と天然ガスの売却代金にほぼ依存している。というのもロシアの輸出金額の約7割を石油、ガス産業でまかなっているからだ。原油や天然ガスの輸出価格が上昇するとGDPが増え、下落時には下がるという、実にわかりやすい構図だ。

2010年のGDP成長率は4・5%、翌11年は4・3%、12年は3・4%と好調をキープしていたロシア経済だが、原油安の直撃を受けた2015年はマイナス3・83%に落ちた。原油価格が1バレル80ドルを切るとロシア経済が厳しくなるといわれるが、40ドル前後の現状では採算割れもはなはだしい。当然、国家財政の過半をエネルギー資源の売却益で賄う政府予算もガタガタだ。

為替相場も、これを強く意識しており、原油安が始まった2014年9月以降からルーブルはジリジリと値を下げ続けている。16年3月には、多少ルーブルが反発したが、まだ出口が見えたとはいいにくい。

ロシアの経済の混迷の要因がもうひとつある。2014年のクリミア編入とウクライナ危機だ。

ウクライナ危機とは2014年2月、ヴィクトル・ヤヌコビッチ大統領の親ロシア路線に抗議する市民のデモ隊に治安部隊が発砲したことで騒乱状態となり、大統領が逃亡、親米欧路線政権が発足したことに端を発する。ロシアは欧米が策動したクーデターと反発、南部クリミア半島を併合するとともに親ロシア派が政府軍との交戦を開始。5月の大統領選で親欧州のポロシェンコ氏が圧勝しても、親ロシア派と再三にわたって戦闘が続いた。

こうしたロシアの強引きわまる動きに、欧米や日本は経済制裁で応じた。

クリミア併合に伴う経済制裁で、最も注目を集めたのは、ロシアからヨーロッパへのパイプラインによるガス供給がどうなるかだ。今や、ヨーロッパ各国のロシアの天然ガスへの依存度は約4割に達しようとしている。

実際には起きていないが、ロシア側のサボタージュで、ヨーロッパ向けの天然ガス供給が停止する懸念がある。いくら経済制裁を叫んでも、各国経済と生活の必須インフラである天然ガス・パイプラインを（特に冬季に）止められてはたまらない。結局、ロシアに天然ガスの代金を支払い続けることになった。

つまり、危機管理ができない以上、北朝鮮への制裁と同様に、裏で資源とカネが取引される、穴だらけの制裁になる。そしてロシアにとってドル箱、いやルーブル箱になる天然ガスは相変わらず、経済の支柱となっている。

しかし、そんなロシアにとって2016年早々、原油安と同じくらい頭の痛い話が起きた。イランの国際社会復帰だ。核開発疑惑に伴う制裁が解除されたことで、EUの欧州委員会は、イランが2030年にはEU向け天然ガスの主要供給国になる可能性があると予測した。

欧州委員会はEUのイラン産ガス輸入量が2030年には年間250億～350億立方メートルに達する可能性があると指摘。そうなれば、イランから欧州へのガス供給量は現在の北アフリカからの輸入量と同水準となり、EUのロシア依存度は大きく下がる。ロシアは現在、EUに対して年間約1300億立方メートルのガスを輸出している。

ＩＳ空爆でシリア内戦に介入したロシアは、もともとイランの伝統的な友好国だ。しかし、資源輸出・経済問題ではライバルでもある。イランの経済制裁解除はロシアにとって、かなり痛いところを突かれるものとなった。

原油安がルーブル安を誘引している状況が続けば、ロシア国内のインフレ率の高騰や国家財政の脆弱化を招く恐れが高い。プーチン政権は、これまで比較的好調な経済を背景に、「強いロシアの復活」を標榜することで、国内で高い支持率を維持してきたが、経済の不調は政権基盤の弱体化を招き、政情が不安定になりかねない。

原油価格が1バレル80ドル程度まで戻らないと、ロシアは財政破綻の危機が続くといわれる。同国経済はかなり追い詰められ、資源を売る新たな販路を必死で開拓している。

ロシアの2015年の経済指標が、苦境を雄弁に物語っている。同年の成長率は前年比マイナス3・7％、前年はプラス0・6％だったから、6年ぶりのマイナス成長転落だ。同年の輸入は前年比36・4％減少し、新車販売も36％減少。首都モスクワの不動産価格は約3割も下落した。

またルーブル安で1人当たりＧＤＰは8000ドルと、2年前の半分に激減した。当然、一般のロシア人の実質賃金も半減してしまった。２０１５年のインフレ率は15％、家庭の支出は９％減。同年末時点の貧困層は人口の14％に当たる２０３０万人で、前年より２００万人も増えた。国民の不満のマグマは次第にプーチン政権に向かいつつある。

プーチン大統領は２０１４年にクリミア編入、15年はシリアでのＩＳ空爆参加と、強気の姿勢で対アメリカ、対ヨーロッパ外交で先手を打ってきた。その背景には、経済面での不満を対外的な強硬政策で突破しようとの思惑があった。しかし背に腹は代えられない国民生活は日々、苦しくなっている。プーチン大統領は16年に入り、メディアにこう述べた。「いままでオイルマネーに頼りすぎていたことで、国の発展が妨げられていた。今の原油安は経済を多様化させる最大のチャンスだ」。依然として強気である。

とはいっても、現在の経済的苦境から脱するには、ウクライナ問題での欧米の制裁を緩和するよう、西側諸国に歩み寄るのが手っ取り早い。そこで、プーチンは裏で、表向きの発言とは異なる行動に出た。２０１６年に入り、ウクライナ問題をめぐる米ロ高官協議に応じた。シリアでは、欧米が求めるアサド退陣との妥協点、新たな落としどころを探っているし、欧米の望むＩＳ掃討にも積極的だ。

ウクライナ危機を契機とする欧米のロシア制裁は、２０１６年７月で期限切れとなるため、延長するかどうかが5月の伊勢志摩サミット（主要国首脳会議）の主要議題の一つとして協議され、再延長が決まった。ヨーロッパ各国からは、ウクライナでの停戦合意やIS問題でのロシアの空爆、協力姿勢から妥協を模索する声もあったが、オバマ大統領が頑として首をタテに振らなかったのだ。オバマの腹の内を、ワシントン在住のジャーナリストはこう解説する。

「アメリカは経済もまあまあ好調。しかも、ロシアのように石油やガスに依存していない。金融もメーカーも、そしてコンテンツ産業もITビジネスも、とにかくオールマイティの強みがある。オバマはこれまで、シリアやウクライナなど、たびたびプーチンにしてやられて評判を落としてきた。だから、ここにきてロシア経済が行き詰まったのは絶好のチャンス。とことん追い詰めて、ロシアに圧力をかけている」

追い詰められたプーチン大統領が目をつけたのは安倍首相だ。

「安倍首相は、世界の主要メディアからアベノミクス失敗と叩かれ始めた。そこにプーチンが北方領土をエサに、サミット前、ロシアのソチでの会談をもちかけた。G7議長の安倍首相の調整力に期待したともとれる。サミット議長国は議事運営や声明採択で大きな権限を持つからだ」

もちろん、この会談にオバマ大統領は猛反対した。しかし、それを振り切って、会談が実現した。プーチンは制裁解除、安倍は北方領土。ともに追い込まれての会談だ。

そこで北方領土問題の解決について、相当突っ込んだ具体的な話し合いがもたれたのは間違いない。この問題に詳しい関係者が言う。

「プーチン大統領は2島返還で決着する代わりに、残る2島や周辺地域への日本の開発資金の投入、さらには天然ガスや原油の安定的な売却について、数字を示して具体的に提示したといわれている。安倍首相は大いに乗り気になり、話をさらに詰めようという空気になっていると仄聞《そくぶん》する」

また、その上でサハリン（樺太）やオホーツク海、ロシア極東地域の開発についても、日本がアメリカの顔色をうかがいつつ、権益を得て、日本の影響力を拡大するチャンスとなっている。

ロシアは日本にとって重要なエネルギー資源輸入先であり、特に天然ガスや石炭の割合が高い。天然ガスは輸入量の約10％、石炭も輸入総量の7・5％をロシアから買っている。

1970年代の石油危機以降、日本は「ホルムズ依存度」を低減させることが悲願となった。ロシアとの取引を拡大することは、エネルギー資源の輸入元を多様化し、リスクを分散することにつながる。

　日ロ交渉の今後の動きは世界が注目するところだ。

　筆者は、日本こそ、北方領土の棚上げ論を採用すべきではないかと考えている。例えば尖閣諸島はもともと、日中国交正常化や鄧小平の時代から「棚上げ論」で双方のバランスが取れていた。それなのに、誰に吹き込まれたか、東京都が購入するという、寝た子を起こすような発言をアメリカで石原慎太郎都知事（当時）がしてしまい、慌てた民主党政権・野田佳彦内閣が国有化を性急に進めるという最悪の事態となり、日中関係は回復できないほどのダメージを受けた。

　北方領土は、第二次大戦の敗戦のどさくさで、ロシアに無理やり占領されてしまった。もともと自分たちのものだから返せといっても難しい。もう一度、戦争でもしない限り、戻ってこないことは子供でも分かる。

　しかし北方領土に、先細る漁業以外の資源的価値はない。したがって、日本政府がもし「北方領土の現状を容認し、もう棚上げでいい」と言い出したら、本当に困るのはロシアなのだ。つまり今まで、北方領土返還を匂わせて、代わりに石油や天然ガスを高く買わせようとしたり、日本の投資をロシアに有利な条件で呼び込もうとしたり、サケ、マス、カニの漁獲量を制限するなど、さまざまな要求を日本側に突き付けてきたやり口が一挙に通用しなくなるからだ。

とはいえ、まだ多くの日本人が、日本固有の領土・北方領土の返還を強く望んでいるのも事実だ。そうした声は当然尊重しなければならないし、する必要がある。

現実的な可能性を考えれば、歴史的和解を演出しつつ二島返還を受け入れるか、日ロ両国が問題を当面棚上げにして『ビザなし共同統治地』にして一緒に開発するかの、いずれかしかないだろう。

現地には日ロの学校を並んで建設し、温泉も出るので観光地にすればいい。そして双方とも領土の主張を棚上げする代わりに、日本はロシアのガス利権の一つに参加する。それも日本に近いオホーツク側のガス田に参加し、日本企業がロシア企業と共同開発する。合弁の開発会社の株式をロシアと折半して持ち、それを国外株式市場で上場させれば、経営が衆人環視となって透明化し、経営介入を狙うロシアの不当な動きを封じることができる。地理的に日本により近いエネルギー資源の確保という点で、大いにメリットがある。

ロシアのエネルギーでもう一つ重要なものをつけ加えておこう。原発だ。

チェルノブイリ事故を起こしても、ロシアは原発を基本エネルギーと位置づけ、非常に重視してきた。現在、ロシアの原発は35基が運転中で、8基が建設中だ。全電力に原子力発電が占める比率は約16％。これを２０３０年までに25％まで引き上げる計画だ。そこで今後、新たに28基を建設する。

さらに力を入れているのは原発の輸出だ。原発の建設資金も技術も管理も「すべてロシアにおまかせください」というパッケージで、ロシアはトルコやインド、ベトナムなどで新規の原発建設を受注し、総計30基の輸出計画があるといわれる。さらに国営企業ロスアトムは、米ロ合弁のウラン濃縮工場をアメリカにつくる交渉を始めたという。

そのためロシアメディアは福島第一原発事故直後にも、原発批判は極力控えた。ロシア政府が原発反対の世論の高まりに、強い懸念を抱いたからだ。

２０１１年３月当時は首相だったプーチンも（その後大統領に復帰）、こう発言した。

「我々の原発は第４世代。日本の原発より安全だ。原発抜きで世界のエネルギー需給のバランスは考えられない」

ただ、ロシアの国民世論はチェルノブイリ事故の記憶から原発には厳しい。東日本大震災後の世論調査によると、原発賛成は54％にとどまっている。２０１６年はチェルノブイリ事故からちょうど30年を迎えた。コンクリート石棺の中のメルトダウン原発の廃炉には、さらに100年かかるといわれ、莫大な資金が必要だ。

では、苦境に陥ったロシアを、各国はどんな思惑で見ているのか。

ロシアをめぐる各国の思惑

サウジアラビアはロシアをどう見ているか。

サウジも苦しい状況になっていることは前述した。ロシアとサウジは、原油安で対話の姿勢をみせつつ、本音は互いに相手を弱体化させ、シェアを奪う駆け引きを続けている。

アメリカはどうか。今や世界一の産油国になりつつあるアメリカは、原油安で自国企業が一時的に後退しても、ロシアにダメージを与えられる限り、原油安を容認し、チキンレースを続ける構えだ。加えて、原油安の副次効果として、アメリカに敵対してきたベネズエラなどの反米産油国政権を潰すこともできる。ベネズエラは年率10％で国家経済が縮小し、崩壊寸前になっている。

中国はどうか。ロシアのプーチン大統領と中国の習近平国家主席は2014年、上海でロシアのガスプロムと中国石油天然ガス集団公司の天然ガス供給契約に調印した。2006年3月から進められていた計画で、両国間に原油パイプラインを建設して、シベリア産原油が供給される。

これに続いて、2019年からはパイプラインによる天然ガス供給がスタートすることになった。このほか両国間ではLNG供給契約も締結されている。また、ロシア国内の油田・ガス田開発に中国企業が参加することや、天津での合弁製油所建設も計画されている。

供給元のガスプロムは、旧ソビエト連邦の国営ガス工業省を引き継ぐ形でロシアのガス事業を独占している、世界最大規模のガス企業だ。そんなガスプロムにとっても、今回締結された内容は「旧ソビエト連邦時代を含めて最大規模の契約」とプーチン大統領は胸を張った。具体的には、最大年間380億立方メートルのガスを中国に輸出するもので、30年間で4000億ドル（約40兆円）という未曾有の規模である。中ロ両国は10年以上の交渉を続け、この合意に至った。

このようにロシアと中国はかつての関係冷却から一転して、再び急接近しているが、中国の狙いは弱っている旧友に温かい手をさしのべるふりをして、最後は丸呑みすることだ。さまざまなビッグプロジェクトを演出しているが、狙いは極東ロシアの資源と沿海州の領土を奪うことだ。かつての清朝の版図を取り戻すことが、「中国の夢」である。もちろんロシアも、中国のその狙いを承知したうえで接近している。

なぜなら、プーチンは対中有事が予想されても、軍事力に自信をもっているからだ。実際、ソ連崩壊で失った領土を取り戻すロシアの野心は、クリミアやウクライナ東部だけで満足することはない。現にバルト三国や、バクー油田を抱えるアゼルバイジャンに食指を伸ばしている。イギリスのEU離脱後にNATOの結束にゆるみが生じるようなら、さらなる国境線の変更もありうる。プーチン政権は、ロシアに対する軍事攻撃の報復として核兵器の使用を脅しに使うことを一切ためらわない。2015年3月、一年前のクリミア併合に際して、プーチンは核兵器を臨戦態勢に置く命令を出していたと公言した。

NATOはイギリスのEU離脱を決めた国民投票後の2016年7月、バルト三国とポーランドに最大4000人規模の多国籍部隊を2017年から展開し、常駐させることを正式決定した。ロシア軍の電撃的な侵攻が現実の脅威となっているのだ。

しかし、プーチンの力による現状変更に応戦すれば、世界大戦につながりかねないため、EUはロシアの出方に、最終的に妥協するかもしれない。というのも、EUはロシアからのガス供給を脅しの材料に使われなければ、それでよいと考えるからだ。これがNATO

の結束に悪影響を及ぼすかもしれない。

アメリカと異なる地理的近さとエネルギー（ガス）のロシア依存が、ＥＵ（とりわけドイツ）とロシアの「一衣帯水」関係を進めてしまう可能性もある。いわゆる「ドイツ帝国」の復活論だが、最も深刻な影響を受けるのはトルコだ。エルドアンはロシアの南下を真剣に怖れ、硬軟両面で必死の外交を展開していることはすでに述べた。

プーチンが戦後の国境線を力で変更することに成功すれば、次に続くのは習近平だ。東アジアにおける中国の国境線変更の被害者は、日本やベトナム、フィリピンやマレーシア、インドネシアだろうが、世界全体から見れば取るに足らない、島々をめぐる小競り合いにすぎない。大国間の戦争を回避するため、力による現状変更は容認されてしまう可能性が高い。

北極海を擁するロシアの無気味な未来

今は原油安と、それに連動した天然ガスの価格下落にあえぐロシアだが、中長期的な未来に目を転じてみれば、明るい展望と新たな戦略も見え隠れする。

それは北極圏の資源だ。地球温暖化により、80年代と比較して北極の6割の氷が溶けたというデータがある。研究者によっては8割という説もある。近い将来、夏場には北極の氷は完全になくなる可能性がある。

この地球温暖化を食い止めるべく、2015年暮れにパリで開かれた国連気候変動枠組条約第21回締約国会議（COP21）は、2020年以降の温室効果ガス排出削減の新しい枠組みを定めた「パリ協定」を採択した。

パリ協定では、気候変動枠組条約に加盟する196か国と地域すべてが、各国の状況に応じて自主的削減目標を策定し、国内対策を実施することを義務づけた。温暖化対策として産業革命前からの気温上昇を2度未満に抑えることを明記。1・5度未満に収まるよう努力することも記した。

1997年採択の京都議定書は、先進国にのみ温室効果ガスの排出削減を義務づけた。「地球温暖化の責任は先進国にある」とする途上国の主張を反映したものだ。アメリカは2001年にITバブル崩壊で経済が失速するや、議定書を離脱。一方で、途上国の権利を主張する中国やインドは排出を急拡大し、議定書は実質的に意味をなさなくなっていた。

今回のパリ協定は、この京都議定書を踏まえ、全員参加型になったことに意義があるということはできる。直前にパリで起きた同時多発テロが、温暖化対策でも世界の団結を促したと見る人もいる。実際、フランスのオランド大統領は「テロとの戦いと温暖化との戦いを分けることはできない」と訴えた。これは温暖化がもたらす異常気象で、暴風雨や干ばつが頻発し、農作物に被害をもたらし、貧困層をさらに追い込む。すると過激派に参加する若者が増え、紛争発生にもつながり、テロの原因ともなっていく。オランド大統領はそう言いたいわけだ。

とりあえずオールプレーヤー参加となったが、カネとなると、揉めに揉めた。途上国は「先進国が温暖化対策に多額の援助金を払うべき」と具体的金額を盛り込もうとしたが、財政が苦しい先進国は反対。数値目標は白紙のまま2025年度までに目標金額を設定することを決めた。削減目標の達成も義務化されなかった。

筆者からするとこれも「さあみんなで頑張ろう」程度の意味しかない「念仏」議定書だ。まずはみんなで青信号を守りましょう、というものだ。

温暖化をチャンスと考えている国は多い。中国やアメリカ、ロシアはその筆頭だ。なぜなら前述した北極圏の資源があるからだ。温暖化が原因で氷が溶けたため、北極圏の氷の下に眠っていた膨大な地下資源へのアクセスが、にわかに現実のものとなりつつある。ロシア、ノルウェー、カナダ、アメリカ、デンマークが北極点付近にEEZを持つ。

北極をめぐる協議会としては北極評議会があり、前記の国に加え、フィンランド、アイスランド、スウェーデンが加わっている。

「北極の資源争奪戦はすさまじい。アメリカ内務省地質研究所の調べでは、埋蔵推定原油量が約900億バレル。世界の年間原油消費量が300億バレルだから3年分だ。別の機関の推定では1600億バレルという数字もある。これらをたいした量でないと言う人もいるが、中東原油や南米原油がピークをすぎた今の状態では大変な魅力がある。そしてそれ以上に魅力的なのは天然ガスだ。世界の年間消費量の15年から20年分の埋蔵量があるという。このほかにもゴールド、ダイヤ、プラチナなど、ありとあらゆる鉱脈がある。しかも、それらは海面下わずか500メートル前後にあるというから、採掘コストも格安で済む。それだけにロシアほかの国々が、激しい権利主張をしている」と、資源関係研究者は指摘する。

地球温暖化ビジネス、地球の綻びで儲ける国々

北極圏の開発が生み出す富は、資源だけではない。2012年12月5日、日本の北九州市の戸畑港にロシアのLNG船「オビ河号」が到着し、出迎えた人たちは歓喜の渦に包まれた。

このオビ河号は11月7日にノルウェーのスノービットガス田を出発し、たった29日間で到着した。同船は千島列島沿いに進んで南下、津軽海峡から日本海を進んで戸畑港に到着したのだ。これまで同ガス田を出発したタンカーは、ノルウェーからヨーロッパ経由でスエズ運河を回るコースが最短だった。このコースではオビ河号の倍の日数がかかってしまう。それが半分に短縮され、さらに世界の火薬庫・中東を経由しなくて済む。大幅なコストカットになる。

ロシアやノルウェーの北極圏の油田では、この航路を使って中国、インド、韓国、日本などのアジア向けの輸出ルートが格段に便利になる。航路開通となれば、豊富な資源をめぐる争奪戦はさらに激しくなる。

ロシアは「大陸棚」理論で北極海の6割(約270万平方メートル)は「ロシアのもの」と主張する。ロシアの国家エゴのえげつなさを見せつけたのは、2007年8月だった。ロシアの深海潜水艇2隻にアルトゥール・チリンガロフ下院副議長ら6人が分乗。北極点付近の氷に穴を開け、約4キロメートルの海底まで潜水し、ロボットアームを使い、チタン製の高さ1メートルのロシア国旗を海底に立てて、領有権を主張した。

ロシアメディアは「ガガーリン以来の快挙」と称えた。もちろんプーチン大統領も絶賛して、チリンガロフ下院副議長には英雄の称号が贈られたという。

これに怒ったのは北極圏の開発を虎視眈々と狙う他の国々。グリーンランドを持つデンマークは即座に科学者40人を動員して北極圏の調査活動を行い、海底地図を作り始めた。つまり北極圏はグリーンランドの延長という主張だ。

そのグリーンランド(約217万平方メートルに約6万人の住民しかいない)も地球温暖化で、長い眠りから覚めようとしている。グリーンランドの8割は氷に覆われているが、それが溶けることで、地球の海水面は数メートルも上昇するという。

2008年11月、グリーンランドで自治拡大を問う住民投票が行われた。開票の結果、賛成75・54%、反対23・57%で承認された。まだ完全独立ではないが、徐々にデンマークから離れ、外国資本を呼び込み、自らの土地の開発に乗り出している。

グリーンランドの領域内には、推定埋蔵量が少なく見積もっても、サウジアラビアの約42%にあたる1兆100億バレルとされる油田や、北海油田の3分の1にあたる20億バレルの油田があるといわれている。石油メジャーのエクソン・モービル、シェブロン、ドン・エナジー、ハスキー・エナジー、エンカナ、スタットオイルなどが掘削・採掘調査及び開発の権利を獲得している。

将来は豊富な地下資源の開発のほか、温暖化で凍土が溶けていくため「水ビジネスが有望」という声もある。急接近しているのは中国だ。

「すでに独立のための莫大な資金や投資を援助しているという。中国企業が入り込み、5000人の中国人労働者がグリーンランドに張り付くという噂も流れた。当然、デンマークは反発している」(資源アナリスト)

中国のエネルギー政策

中国は北極に大量の資源と、貿易航路としての大メリットがあると分かると、ただちに殴り込みをかけた。まずは北極圏に大きな発言権を持つ北極評議会のオブザーバーになる工作をしたのだ。

評議会メンバーは、北極圏にまったく関係ない中国が評議会のオブザーバーになることに反対した。そこで中国は2012年、中国海洋石油を使ってカナダのネクセン石油ガス会社を151億ドルで買収した。

さらにロシアの天然ガス企業ノバテクは、北極圏のヤマル半島で進められているLNGプロジェクトの権益のうち9・9％（推定14億ドル相当）を中国の投資ファンドに売却した。中国が創設したインフラ向け投資ファンド「シルクロード基金」が買い手だ。

ウクライナ危機以降の経済制裁で、ロシア企業が欧米の市場から締め出され、事業の継続が苦しくなっていた。その資金を得るためノバテクが権益を一部売却し、渡りに船とチャイナマネーが入ってきたわけだ。

こうして中国は、北極圏にかかわりの深いカナダとロシアの共同開発権を得て、この地域に食い込んだ。前記したように、エネルギーをめぐる中ロ関係は年々深化している。今後、中国とロシアはガスと原油開発でますます協力を深めていくだろう。

そしてエネルギー開発とともに航路開発の進展も著しい。ロシアが開発している北極航路と、中国が進めるシルクロード経済ベルト、21世紀の海上シルクロード建設構想を接続させて、このルートが現実的に使える可能性が出てくれば、中国にとってはヨーロッパとの最短経路となる。

かくして足がかりを築いた中国は2013年、当初は無理と思われた北極評議会のオブザーバーとなった。

次に狙うのは前述のグリーンランドだ。ここにはアメリカ軍の基地（チューレ空軍基地）もあるため、米中間で熾烈なつばぜり合いが展開されるかもしれない。

ところで、中国がこれほどエネルギー獲得に躍起となる理由は何か。国内のエネルギー（石油、天然ガス、石炭）需要が急増しているからだ。

同国のエネルギー消費量は、2013年には約25億8000万TOE（石油換算トン）に達し、2010年からはアメリカを抜いて世界最大のエネルギー消費国となった。2012年時点で中国のエネルギー消費はなんと世界全体の約2割を超え、ごく近いうちに3割に達する勢いだ。石油の消費量は、アメリカに次いで世界第2位、2030年代には中国がアメリカを抜き、世界最大の石油消費国になると予測されている。また天然ガスの消費量は近いうちにイランを抜き、米国、ロシアに次ぐ世界第3位の消費国になると予想されている。

中国が自給できるエネルギーの7割は石炭である。そのため、将来の自給率の見通しは暗い。中国の主力エネルギー源である石炭の消費量は、２０１３年に19億２５３０万ＴＯＥ（石油換算トン）にまで達し、世界の石炭消費量の半分以上を消費するという、恐ろしい状況になった。

しかし、この莫大な石炭消費は大都市部を中心にＰＭ２・５など、甚大な環境汚染の被害をもたらし、国家的危機にいたらしめている。もちろん政府は深刻に受け止め、対策に乗り出している。２０１６年３月５日、中国は第13次５か年計画で、２０２０年までにエネルギー消費量を標準炭換算で50億トン相当の範囲内に抑制する目標を設定した。中国がこうした目標を定めるのは初めてだという。その背景をチャイナウォッチャーはこう話す。

「スモッグ問題の対応と、世界最大の温室効果ガス排出量の抑制に向けて本格的に動き出したということですね。50億トンの数値は中国の２０２０年までの経済成長率目標の６・５％と、石炭火力発電を15％削減する目標を勘案して決められたと聞いています」

２０１５年の中国のエネルギー消費は、政府の発表によれば、石炭換算で前年比０・９％増の43億トンだった。２０１２～15年の年間の平均伸び率は２・３％で、２００５～12年の６・４％から鈍化したという。

また中国は、世界最大の太陽電池製造拠点を国内に持っている。太陽電池セルの年間生産量は2008年以降、国別世界シェア1位をキープしている。世界トップ10の太陽電池企業の半数以上を中国企業が占め、2010年には中国の太陽電池生産能力は8ギガワットを超え、全世界の生産能力の5割を占めたという。

ところが、太陽光発電の中国国内への導入は進んでいない。2010年時点で、中国で生産した太陽電池のうち、国内向けはわずか6％で、94％が輸出されている。

中国では、供給電力量の伸びが消費に追いついていない。2006年以降、消費電力は年間10％以上の割合で増加、2010年には毎時4兆キロワットを超え、一部地域で計画停電を実施しているほどだ。

中国の発電設備容量は、中国電力企業連合会などのデータによると、2014年末時点で1361・1ギガワットと世界最大。今後は国内景気の減速で電力需要が鈍化するが、それでも年間平均で120・6ギガワットの拡大が予測されるという。

前記した環境汚染に対応するため、中国政府は再生可能エネルギーの比率を高める方向だ。2020年までに3割にする政策を打ち出している。もっとも中国の再生エネといえば、現状では水力発電所が最有力となる。未開発地域をふんだんに残す同国の水力発電能力は極めて高く、有望だ。長江の三峡発電所は世界最大級の水力発電施設で、既に

２２５０万キロワットの最大出力に達している。日本最大の奥只見発電所が56万キロワットだから、規模が違いすぎる。風力発電も順調に伸びている。２０１０年12月時点の全世界の風力発電の設備容量１９４・４ギガワットのうち、中国が22％を占め、国別では最大で約5割を占める。太陽光発電は、前記のように少ないが、中国政府は太陽光発電の割合を、今後飛躍的に高めようとしている。そのため２００９年から再生可能エネルギーの固定価格買い取り制度を検討し、部分的な導入を試みつつ、さらなる普及を模索している。

もうひとつ、中国が非常に力を入れているのが、原子力発電だ。２０１６年5月現在では33基が稼働中だが、中国は２０１１年に起きた東京電力福島第一原子力発電所の事故を受けて原発の計画を一時的に中止していた。だが、その後は国策として、原子力発電をクリーンエネルギーと位置づけ、積極的に推進する方針を打ち出した。

具体的には政府が１０００億ドル、日本円で約11兆７０００億円を投じ、２０３０年までに毎年、1年間に7基ずつ、原子炉を増設していく計画である。２０５０年までには中国にはなんと４００基の原子炉が建設され、発電容量は３５０ギガワットを超える見込みだという。建設費用は計1兆ドル、日本円で１００兆円を超えると試算されている。とりあえずは今後10年間で70基から１００基の原発建設だ。

日本が福島第一原発事故で思考停止に陥っている中、中国は石炭火力発電に代えて、恐ろしいペースと勢いで原発を増設中なのだ。

また中国は従来の原発の立地に加えて、移動式の〝海に浮かぶ〟原子力発電所の建設を計画しているという。２０２０年までに海上、沖合で使える多目的原子炉を20基建設し、さまざまな用途に活用するという。

この水上原発用の小型原子炉は、沿岸部や島嶼地域での原油やガスの採掘基地や産業パークへの電力供給、自然災害発生時の緊急電力の供給といった用途を想定しているというが、要は現在、中国が南沙諸島、西沙諸島、東シナ海の島を一方的に占拠・埋め立てて、勝手に建設している軍事基地で大量の電力を必要とするために、浮動式原発プラントを設置して電源にするつもりだろう。電力だけでなく熱や蒸気を供給することで、海水淡水化にも利用できる。

小型原子炉であれば東日本大震災の津波で、電源喪失事故を起こした、原発最大のリスク要因である冷却機能喪失による事故の危険性が排除できる。海水がいつでも利用可能だからだ。しかし海上設置型は気象状況次第で不測の事態に見舞われ、テロ攻撃なども受けやすい。そこで曳航して移動できるように設計されるほか、水面浮動式に加えて潜水式のタイプも開発中だという。工場や造船所などでも建設できるため、効率性が高くコストを軽減でき、環境への負荷も小さいといわれ、立地場所の選定も楽になるとされる。

問題は放射線物質が海に流出しないよう、技術面で万全の対策を取らなければならないことだ。放射能漏れや事故が起きた場合、急ピッチで海洋汚染につながる。

いずれにせよ、２０１９年には実証炉が完成し、浮動式プラントの洋上実験も始まる予定だというから、日本は中国の後塵を拝するどころか、はるかに引き離されてしまったことは確実だ。

２０１５年10月、イギリスの首相記者会見で、日米欧などのメディアに衝撃が走った。エリザベス女王との謁見で話題を呼んだ中国の習近平国家主席の訪英である。キャメロン英首相は首脳会談直後の会見で、驚くべき報告をした。

「イギリスの南東部で計画中の原子力発電所に、中国製の原子炉を導入することで合意したというのです。それも中国が自主開発したと称するオリジナル新型原子炉。先進国で初のことです。これまで原発技術の先進国と言えば日本やフランス。日本が国内世論の反対で原発が稼働できず、さらに原発輸出にもブレーキがかかり、その反動で東芝などは経営に黄信号さえ点滅する苦境に追い込まれている。その間隙を縫うように中国製原発がイギリスで設置されるというのですから、驚きました」（原発関係者）

関係者の話を総合すると、中国製原発が設置されるのはイギリス南東部サマセット州にある「ヒンクリーポイントC原発」。中身は「華龍1号」と呼ぶ新型第三世代原発で、フランスから技術供与を受けたもの。開発したのは中国広核集団（CGN）という国営企業で、その国産化率は85％を超えるという。

建設はフランス電力公社（EDF）と中国が共同で手がけ、原発のプロジェクト会社にはCGNが66・5％を出資し、建設後の運営も中国が手掛ける。中英首脳会談で持ち出された対イギリス投資額は総額400億ポンド（約7兆4千億円）。イギリス中部で計画中の高速鉄道2号線でも企業間連携を拡大することで合意しているほか、ほかの原発でも事業を推進する見込みだという。中国がこうした投資や他国のプロジェクトを推進する手法は、インドネシアの高速鉄道建設でもそうだったが、資金と技術をセットにしたもの。カネのない国はやすやすと乗ってしまう。イギリスも財政は相当厳しいだけに、中国の札束攻勢に負けたのだろう。

だがインドネシアの高速鉄道の例では、中国が日本に競り勝ったものの、その後なかなか着工できない事態が続いている。鉄道ならまだしも、原発はネジひとつ間違えるだけで、大きな事故につながる。キャメロン首相は、功を焦って将来に大きなツケを残すかもしれない。メイ新首相は、英政府としての決断を先送りしている。

中国にすれば、今回の実績を前面におし立てて、新興国などへのインフラ輸出で攻勢を強めたい考えだ。実際、新興大国インドと、制裁解除で世界中から投資が殺到しつつあるイランに挟まれたパキスタンでは、中国の進出が目立っている。

パキスタンはアラビア海に面しており、沖合に出ればインド洋だが、経済成長率は他のアジア諸国と比べて低かったところに、2015年4月、海洋進出の拠点港が欲しい習国家主席が訪れ、パキスタンの港と中国の新疆ウイグルを結ぶ、5兆円の巨大インフラ・プロジェクトを申し出たのだ。

「パキスタンの港、グワダル港の開発と新疆ウイグルへの道路の整備、さらには港の海岸沿いの土地を40年間、中国港湾企業に委託する契約などを結んだ。またチョリスタン砂漠の一角には中国パキスタン両国企業による太陽光発電事業が進んでいる。将来的には1000キロワット原発一基分の発電を目指す。これらの事業はすべて中国からの無償援助、無利子融資だ。しかし、その内容はパキスタン側には不透明で、一方的に中国が有利

な契約になっているると指摘する声もある」（ジャーナリスト）

中国は「援助」の名のもと、「現代版植民地政策」を推し進めているといって過言ではない。

日本はインフラの輸出競争で、常に中国の札束攻勢と強引なやり口に苦しめられ、苦杯をなめてきた。中国との違いをもっと演出する必要があるが、イギリスのEU離脱はそのチャンスだ。「100年単位」の長期戦略で動く中国も、2016年6月のイギリスの国民投票でEU離脱賛成派が多数を占めたことは意外だったようだ。しかしすぐに動き出し、対英不動産投資の拡大や、英シティにおける人民元の決済取引所の維持拡大、イギリスからの輸入拡大などを打ち出している。

日本にとってもイギリスと、経済のみならず安全保障の分野でも、新たな同盟関係を築く絶好のタイミングである。手をこまねいていれば、イギリスは中国と一方的に接近してしまう。これは外交競争なのだ。ユーラシア大陸の覇権を中ロなど「新しい帝国」が握ろうとする動きを牽制するための、21世紀版「新・日英同盟」を目指すべきだろう。

第五章

激動する世界で、日本はどうなるか
脱化石燃料と脱原発の近道

日本とよく似たドイツの精神主義

日本のエネルギー資源の海外依存を低減させていくために、自給率の向上が不可欠だ。再生可能エネルギーのみならず原子力発電も、国産エネルギー確保という観点から改めて取り組んでいく必要がある。脱原発を叫べば正義の味方、原発さえなければ安心という「空気の支配」から脱するべく、冷静な議論をしたい。エネルギー資源のない日本で、化石燃料を減らしつつ、将来の再生可能エネルギー100％時代に向けて、脱原発を段階的に進めるには、当面、原発と再生エネを併存させていく選択こそが、最も現実的なエネルギー政策となる。

筆者は2016年春、再生可能エネルギーの調査でドイツを訪問し、多くの関係者から話を聞くことができた。その時感じたのは、日本とドイツは精神的にきわめて似ているということ。

ドイツは2011年の東日本大地震に伴う福島第一原発事故を契機に、2022年までに原発を完全停止し、電力量に占める再生可能エネルギーの比率を、2020年までに35％、2030年までに50％、2040年までに65％、2050年には再生エネで80％をまかなうとの目標を宣言した。筆者がそこで「どうやって実現できるのか」「方法は」と聞いても、彼らは、ただひと言、「やれる」としか言わない。

というのも、再生可能エネルギーの導入目標に比べて、送電線の容量が追いついていないからだ。少なくとも5200キロメートル分の送電線網を2020年までに作らなければならない。1日平均数十キロを増設しないと間に合わない計算だが、それは現実に不可能だ。ドイツの関係者に「やはりできないのではないか」と疑問を呈すると「いやできる」という。

例えばかつての日本軍は、資源や科学技術の面で、アメリカとの全面戦争には勝てないと分かっていたはずだ。しかし、精神主義で「いや勝てる」と信じて戦争に踏み切った。その「勝てる」精神構造と同じように「できる」と断言するドイツの専門家に、「それでも、もしできなかったらどうする」と聞いた。「できる」と押し問答が続く。最終的には「フランスから原子力の電気をもらう」、あとは「ロシアとパイプラインがつながっているからガス供給を受けられる」という真の抜けた楽観論が出てくる。最初からそういってくれ、と思わず言いたくなった。つまり、最終的にはフランスの原子力とロシアのガスを融通してもらうから、何とでもいえるわけだ。

戦後の歴史教育は、昭和史にたどりつく前に時間切れで終わってしまうが、昭和史をしっかり学ぶことが必要だと思うのは、なぜ日本は戦争をしたのか、つまり対米参戦と太平洋戦争の原因として、エネルギー資源の確保があるからだ。アメリカのイラク戦争も、湾岸戦争も、せんじつめれば石油争奪戦だということは前述した。

産業革命以降、石炭争奪戦が発生したように、近代ヨーロッパの植民地侵略の歴史もエネルギーを求めたものだ。戦争にはエネルギー問題がからむ。現在でも中国が南沙諸島に軍事基地を建設するのは、海底油田やガス田が狙いである。

前章の中国のエネルギー政策でも触れたが、中国は2050年までに原発を約400基も作る計画がある。実際に何基作れるかは不明だが、そう宣言することによって世界トップの原発利用国になるという意思を示したものだ。そしてCO2排出問題にからめて「我々が原発を作り、使うのは世界の環境問題のため」という正義の味方のスタンスを取る。中国らしい詭弁《きべん》だ。

そこで日本はどう振る舞うのか。日本に偏西風でPM2・5が押し寄せる石炭火力発電は、これ以上使用して欲しくない。事故のリスクを考えれば、原発も止めて欲しい。しかしもちろん、中国のエネルギー政策に干渉することなどできない。

原発政策の転換に向けて舵を切れ

とはいえ何百基もの原発を、中国単独で建設するのは不可能である。そこで日本企業も建設に参加すると称して売り込みに行く。そして現地で、中国の内部事情を探る。中国の原子力事業のいくばくかを日本が牛耳るという姿勢がなければ、世界の中で生き残れない。外務省も経産省もそうやって戦略的に動かなければ、日本の国力は維持できないのだ。

中国が、それほど多くの原発を作るということは、間違いなく核燃料サイクルもやるつもりだろう。現に高速増殖炉の実験運転も開始している。日本では原子力規制委員会が青森県の六ヶ所村の核燃料サイクル施設を認可せず、福井県の高速増殖炉「もんじゅ」とともにスケープゴートにしている。さらに朝日新聞や反原発メディアが「今すぐ脱原発」という論調で書きまくる。そのため誰も、もう核燃料サイクルは不可能だと思っている。

しかし筆者に言わせれば、わが国の核燃料サイクル計画は破綻していない。核燃料サイクルとは、①軽水炉サイクル、第三者機関であるエネルギー総合工学研究所が安定運転に向けて準備が整っていると評価した「六ヶ所再処理工場」（青森県六ヶ所村）などで生産される使用済み核燃料からできるプルトニウムとウランを混ぜた燃料を、既設の原子力発電所の軽水炉で燃やす「プルサーマル」と、②高速炉サイクル、「もんじゅ」の実験炉で、アメリシウムやネプツニウム、キュリウムを原料に混ぜて放射性廃棄物の消滅処理を行う「高速炉燃料製造工場」の二つを中核としている。つまり、使用済み核燃料を処理して通常の原発で再利用する軽水炉サイクルと、処理した燃料を別の形の原子炉でも使う高速増殖炉サイクルの二本立てだ。

福井県の高速増殖炉もんじゅにはこれまでに計約1兆円が投じられたが、事故や点検漏れなどでほぼ20年間、まともに運転できていない。青森県六ヶ所村に建設中のウラン・プルトニウム混合酸化物（ＭＯＸ）燃料工場では、核分裂しやすいウラン２３５の代わりに、使用済み核燃料から取り出したプルトニウムを配合したＭＯＸ燃料を製造する予定だ。

ＭＯＸ燃料を通常の燃料の代わりに利用することをプルサーマル発電と呼び、ウランの利用効率を既存の原発で26％、高速増殖炉で１００倍以上向上できるというのが核燃料サイクル最大のメリットだ。

だが六ヶ所村で計画されている工場のうち稼働中なのはウラン濃縮工場だけ。再処理工場とMOX燃料工場は操業していない。再処理工場の完成はトラブルや安全規制への対応で延期を重ね、現在は2018年度上期の完成予定だが、これも確定ではない。建設費用はすでに約2兆2000億円まで膨らんでいる。

一方「もんじゅ」も事業が遅れに遅れている。しかし、筆者からすると、この難しい事業をよくここまでもたせてきたという印象だ。だが原子力規制委員会は、事業の遅れと相次ぐ点検漏れなどの不具合に、2013年5月「もんじゅ」の運転禁止命令を出し、立ちふさがった。その2か月後の2013年7月に、すべての試験が終わるというタイミングだった。さらに2015年11月には、「もんじゅ」の事業を所管する文部科学省に対し、現在の日本原子力研究開発機構に代わる運営主体を見つけるよう求めた。もし代替の組織を見つけられない場合には、事業そのものを抜本的に見直すよう勧告した。だから朝日新聞などは「もんじゅ」は終わった、「核燃料サイクルは破綻」とはやしたてる。

繰り返すが、筆者からすればまったく破綻していない。

今年1月、ある専門家が次のように指摘した。

「核燃料サイクル事業に関する2016年1月14日付の日本経済新聞社説『核燃再処理の

費用をまず示せ』の見出しにあるように、核燃料サイクルの費用の問題は最重要事項の一つだ。記事中、『……再処理事業の継続に伴う国民負担の大きさが示されていない。経産省の有識者会合は総費用が12兆6千億円としていたが、中間報告には記載がない……経産省や電力会社には費用に関し説明する責務がある』とある。実にごもっともであり、私の試算で回答したい。

この12兆6千億円とは、六ヶ所再処理工場を運営する日本原燃が、将来発生すると見込む分も含めた合計約3万トンの使用済み燃料を、『年間最大800トン処理し、40年間操業する』と想定した総費用である。

私は日本に現存する使用済み燃料1万7000トンは、原油換算で11兆〜23兆円相当と試算する。単純計算ではあるが、約3万トンの使用済み燃料は、原油換算で約19兆〜41兆円に相当する。そうなると、総費用12兆6千億円を費やしても、再処理事業は優に元が取れる計算になる。一般的に、こうした試算には、それぞれ相応の前提条件がある。行政上どれを採用するかは、その時々の政策判断による。いずれにせよ、経済産業省は何らかの試算値を公式に呈示しておくべきだ」

この論を要約すると、核燃料サイクルにたとえ12兆6000億円かけても、原油換算で差し引き6・4兆円から28・4兆円分節約できるので、そちらのほうがいいという考え方である。こうした数字について、マスコミはきちんと計算して国民に報道すべきだが、まったくやろうとしない。計算すれば、核燃料サイクルはエネルギー安全保障上もコスト的にもパフォーマンスは高いことが分かってしまうのだ。

反原発世論に気を使って、今では誰もこういう言い方をしなくなったが、エネルギー資源を満足に自給することのできない日本において、核燃料サイクルで使うプルトニウムは、国内にある既設の原子力発電所を発生源とする〝準国産エネルギー資源〟なのである。

現行の「もんじゅ」保全計画は、2008年末に旧原子力安全・保安院が出した指示に基づき、2か月程度で策定された急場しのぎの拙速なもの。そのため、高速炉という特殊な炉でありながら、商業用として稼働している軽水炉と同じ点検項目が採用されているなど、内容的な不備も散見される。

この専門家は今年、「もんじゅ」の現場を視察し、原子力規制委が指摘した「点検漏れ」は保全計画の記述の不備に起因しているものが大半であることを直接確認している。例えば、「一式の点検」としている箇所に対して、「可視可能範囲のみを対象とする等、点検内容のとおり実施していない」という一方的な指摘がなされており、他の点検手法の可能性や存在すらも否定されている。しかも、こうした指摘の件数が、装置の数ではなく、パーツ・部品の数として数えられるから、「点検漏れ」の件数が合計で万単位に膨れ上がってしまう。数え方の問題が大きいのだ。

高速炉サイクルの信頼を回復していくためには、現場側だけでなく、規制・推進する側の原子力関連当局にも大きな責任がある。だから、元々不備が多い保全計画を抜本的に見直せば、保守管理を徹底することで安全レベルを引き上げていくことができる。実際、ナトリウム漏洩事故を起こした建屋4階の現場については、床も壁も新たにライナーを張り、空調装置を一新し、万一に備えた窒素ガス供給装置を新設するなど、再発防止策も徹底されている。

今いる現場の技術者を中心として「もんじゅ」の運転・保守管理に特化した新たな組織を設けることが肝要だが、そこで気がかりなのは、先の文科省報告書を根拠に設立される新法人の位置づけである。文科省は、「もんじゅ」の運転・保守管理を行う新法人を自省の傘下に設立し、自ら高速炉開発を進めることを考えているようだ。しかし、研究ばかりに比重を置く偏った運営形態を排するには、新法人は文科省の下ではなく、経済産業省の下に設けるべきだろう。

文科省の所管のままでは、研究ばかりに比重が傾き、いつまでも現実的には使い物にならないという、これまでの過ちを繰り返しかねない。発電事業も含めた運転・保守管理に特化する業務である以上、原子力発電事業を進める立場の、経産省の所管とするほうが合理的だ。

専門家の中には、以前から、「もんじゅ」改革の落とし所として、2016年5月に公布された再処理等拠出金法に基づき新設される『再処理機構』に「もんじゅ」を移管することが唯一無二の解決策である、と提起してきた人たちがいる。これに対して、別の専門家からは、『経産省が「もんじゅ」を引き取る可能性は、権限面からも、予算面からもあり得ない』、『経産省には、文科省の尻拭いをしてまで「もんじゅ」を引き取る考えは全くない』、『経産省は、「もんじゅ」を廃炉にし、フランスが開発を進めている「アストリッド」(後述)という高速炉の共同開発に完全に移行すべきだと考えている』といった反論が寄せられているそうだ。

だったらなおのこと、権限と予算を経産省に全面移管し、高速炉開発を国家プロジェクトとして強力に推進すべきだ。もちろん、予算を長期的にダラダラとつけ続けるのではなく、例えば「予算は従来の倍にするが、必ず5年で100%出力を達成して基本データを取る」というような即効性のある予算配分で、短期間で目標達成を図るよう一定の制約を付せばいい。

高速炉は国が進める核燃料サイクル政策の重要な柱だ。

これまでは軽水炉サイクルと高速炉サイクルはそれぞれ別モノと扱われてきたが、今後はこれらを包括的に進めるべく、経産省に所管を集中させ、日本の核燃料サイクル政策の総合的な司令塔機能を一本化することが、現実的かつ最適の策だ。

本来なら、米国エネルギー省のような組織を新設し、原子力発電・核燃料サイクル政策も含め、総合的なエネルギー政策を一元推進する体制にすべきだが、日本の場合にはこうした改革には莫大な労力と長い時間を要する。だから、経産省への一本化がもっとも現実的な最適解となる。

フランスが開発を進めている「アストリッド」は、「もんじゅ」とは異なるタンク型というタイプの高速炉で、両者には、耐震性能の面で大きな差がある。「アストリッド」の耐震性能は330ガル程度しかない。「もんじゅ」の耐震性能は現状でも760ガルで、実際には1000ガルでも十分に対応可能だ。将来的に「アストリッド」が実用化されても、日本のような地震多発国で採用できるのか、大型化して経済性を追求できるかといった大きな課題が残されている。

実は、フランスは経年劣化した軽水炉の延命研究のための「ジュールホロビッツ炉」というタイプの導入を優先しているだけでなく、原子力関係の研究開発予算を削減する傾向にある。そのため、「アストリッド」の推進に必要な予算がなかなか付かず、2025年の竣工予定が4年ほど遅れる見通しだ。

こうしたフランスの動向は、日米欧など世界7か国・地域が共同建設するフランスの国際熱核融合実験炉（ITER）の計画の大幅遅延と相俟《あいま》って、国際協力の危うさと、自国主導の国家プロジェクトの重要性を改めて浮き彫りにした。

筆者は先日、某主要国の駐日大使館のエネルギー担当者から、次のような質問を受けた。

2016年3月、大津地裁の仮処分決定で関西電力高浜原子力発電所3・4号機（プルサーマル）の稼働が停止した。プルサーマルの推進は、最高裁まで行けば否定されないだろうが、地裁が介在するためにかなりの年月がかかるのではないか。それまでの間、余剰プルトニウムを発生させないための政策を日本は具体的にどう実現するのか。国際的な原子力協定上も重要ではないか。

そこで筆者は以下のように回答した。六ヶ所再処理工場で生産される核分裂性プルトニウムの量は年間4トン強で、大間原子力発電所（現在建設中）は年間1・1トンを消費し、他のプルサーマル炉（現在12基のプルサーマル炉が原子力規制委に再稼働を申請中）は年間0・3〜0・5トンを消費するので、大間・伊方の他に7〜8基のプルサーマル炉が稼働すれば、余剰プルトニウムは発生しない計算だ。

次に、「もんじゅ」のプルトニウムの初装荷は1・6トンで、以後毎年0・5トンのプルトニウムを燃焼する。こうした高速炉のプルトニウム消費能力には期待すべき点が多い。国のエネルギー基本計画などで、プルトニウム消費の円滑化という視点も含め、「もんじゅ」の位置付けをきちんと再構築することには、大きな意義がある。現行の行政のあり方は刷新されねばならず、たとえ「もんじゅ」が廃止されるとしても高速炉サイクルの研究は継続される見通しだ。

筆者は、右の問い合わせの背後に、もっと別の問題が隠されているのではないかと懸念している。というのは、アメリカが韓国に、後述するTHAAD（高高度防衛ミサイル）の配備を呑ませ、韓国の悲願である核開発をあきらめさせる交換条件として、日本に核武装させないとの密約を交わす可能性があるのだ。アメリカは同様の密約を中国と、すでにニクソン政権時代に、国務長官のキッシンジャーと周恩来首相との間で結んでいるといわれる。

日本に核武装させないために、日本国内に保管されているプルトニウムをアメリカなどに運び出して、プルサーマルを必要としない最新型の原発を日本に買わせるよう仕向ける。同時に、六ヶ所村の核処理施設を停止するよう要求してくるかもしれない。

アメリカはかねてより六ヶ所村の再処理施設でのプルトニウム抽出が、北朝鮮や韓国のウラン再処理の口実に使われることを問題視しており、実際に3・11後、原発を動かせない中、プルトニウムが増えるばかりのわが国の現状について、2014年4月に外交ルートで「懸念」を伝えてきた。六ヶ所を一つの標的とする小泉純一郎元首相の「反原発」運動の背後にも、こうしたアメリカの一部の思惑があるのかもしれないが、六ヶ所の施設が閉鎖されてしまえば、日本のエネルギー自給率はますます低下する。90年代までは自民党の政治家が米側に日本の特殊事情を説明してきたが、現在の自公連立政権の与党に、この問題でアメリカを説得して、はっきりものを言える人材は、もはやいないのではないか。正しい知識をもつ政治家を育ててこなかった電力関係者の悩みは深い。

とはいえ六ヶ所や「もんじゅ」側も、まともに管理運営しなければ話は始まらない。「もんじゅ」はこの反省点に立ち、ようやく2013年7月にすべての試験が終わり、いよいよ稼働直前まで来た。ところが今度は、先述したように原子力規制委が足を引っ張る。

今、原発がほとんど停止している中で、火力発電でまかなっている原油コストは年間約3兆円に達している。今でこそ、原油安で多少一息ついているが、いずれ再び原油価格が上がり、調達コストが高騰することも当然想定しておかねばならない。年間3兆円ということは、10年経ったら30兆円だ。その間、世界は原発をどんどん作り、さらに研究を進め、第四世代が稼働し、第五世代の技術革新が登場する可能性も高い。このままでは莫大な原油・天然ガスの購入代金を払ってひたすら燃やすだけで、新しい原発技術は何一つ得られないことになる。世界の技術開発競争で周回遅れになりかねないのだ。

原子力規制委員会の立ち位置

だからこそ、原子力規制委員会の存在理由と立ち位置を、もう一度明確にすべきだ。

そもそも原子力規制委は東日本大震災の福島第一原発事故を踏まえてできた行政委員会で、原子力の専門家よりも地震の専門家の意見が幅をきかせている。東日本大震災の津波で発生した原発の全電源喪失に対して、今では五重、六重の多重防護をして備えている。発電を再開してもまったく問題はない。

活断層があるから原発は再開できないというが、活断層と福島第一原発事故はまったく関係ない。民主党政権の、絶対に原発を止めなければという空気の中で、ある日突然、止める方便として活断層が持ち出されたと見るべきだ。活断層の生贄になりそうな既存原発は6か所ある。活断層の上だから廃炉という極論まで飛び出したので、専門家からは「そもそも許可したときの議論を踏まえていない」との反論が噴出した。原子力規制委はまず、この問題で改めて、許認可を与えた当時の専門家としっかり議論すべきだ。それが筋だと思うが、絶対にやろうとしない。なぜなら原子力専門家から反駁され、自分たちの論理が破綻している現実に直面するからだ。

さらに2016年3月には、問題だらけの原子力規制委よりもさらに疑問符がつく判断が下された。大津地裁の裁判長が、滋賀県の住民が関西電力の3号機、4号機の停止を求める仮処分申し立てに基づき、仮処分を認める判決を出したのだ。そのため福島原発事故が起きて以来、初めて再稼働した高浜原発の3号機が、再びストップしてしまった。

原発の安全性については、高度な専門的技術的判断が伴う。本稿で批判している原子力規制委員会にしろ、高浜原発再稼働への審査会合は70回以上も開いている。さらに関電が提出した約10万ページの申請書を詳細に検討した上で、3年近い月日をかけて安全性を判断したのだ。これに対し大津地裁はたった4回の審尋で仮処分を出した。原子力規制委の精緻な議論をほとんど考慮していない。専門外ともいえる司法が何をもとに仮処分を出したのか。そこには「ゼロリスク」という「気分」「空気」しか見えない。これで日本のエネルギー技術が世界からどんどん遅れると、将来廃炉を進めるための原資すら危うくなってしまう。

つまり日本人は余裕があるから、こんな身内の争い、内輪もめに精力を傾けているのだ。余裕の原因は結局、陸続きの国境がないからだろう。1メートル向こうには異国があり、いつでも人が入ってくると思えば、緊迫感が出てくる。本来、竹島、尖閣、北方領土問題はいずれも危機感を持つ材料のはずだ。しかし、日本人は被害者だと勘違いする。外交は対等だ。被害者と思った瞬間に負ける。

例えば尖閣問題では、当時の野田政権が国有化を宣言した瞬間に負けていた。相手の中国も自分の領土だと言っているのだから、グレーゾーンで妥協するしかない。中国側は、国有化などと言い出せば状況が根本的に変化してしまうことを知っていた。あの国の場合、いままでは国有ではなかったのか、ということになる。だからこそ中国はあいまいでいこうと言い、日本もそれに(暗黙裡であれ)同意していたが、突然の国有化宣言で対立を悪化させてしまった。

中国では、今後数年間のうちに8隻の豪華客船を建造して、西沙諸島や南沙諸島を含む南シナ海でのクルーズ観光を行う計画があるという。西沙諸島ではリゾート施設の建設が進んでおり、南沙諸島の人工島でもホテルやリゾート施設が建設されるだろう。やがては東シナ海でも勝手に基地を作り、同時にホテルを作って観光客と業者を送りこんでくる。尖閣奪取はその一里塚であり、座視するわけにはいけない。

日本は行き過ぎた民主主義が災いして、社会保障費の負担が増えすぎ、財政に余裕がない。もとより領土紛争のリスクが高いところでは民間企業は開発できないので、国がやるしかない。限られた予算の中で、国交省か経産省が、エネルギー政策にからめてやるしかないだろう。経産省の予算は一般会計かエネルギー対策特別会計しかない。一般会計は枠がきわめて少ないので、財務省主計局が認めないだろう。エネルギー特別会計は既得権がありすぎて、とても新規に捻出する余地がない。

予算がないなら、原発をフル稼働させて電事連、電力業界から何百億という資金を出させる手法もあるが、原発が動かせない今はそのカネもない。国を護るために、危機感を持って対抗策を取ろうにも何もできず、中国にやられ放題で「どうしようか」と戸惑うだけの、情けない現状だ。

日本の政府や霞が関が何もできないなら、アメリカと組んで合弁会社を作るか、あるいは共同研究として第三国の研究機関に試掘してもらう手もある。

中国は東シナ海で、ガス田を掘っている。しかし、中国側がいくら開発姿勢を強調しようと、たいした埋蔵量はない。本当に有望なガス田なら、中国の力だけでは開発できないので、必ず欧米のガス採掘企業と組むはずだ。しかし、そこまでの様子はないから、これは実利よりも大義とみるべきだろう。ガス田探査のためにリグを置くと主張する。レーダーも設置し、軍事的な備えも整えていく。そうやって、少しずつ日本側の中間線上に中国権益の既成事実を積み上げていくのだ。

アメリカ発の新たな動きに、日本はどう対処すればよいのか

本稿はここまで、日本のエネルギー問題への危機感のなさ、執着のなさを浮き彫りにす

る形で、世界各国がエネルギーに執着する姿勢を解説してきたが、ここでさらにエネルギー大国・アメリカの次の狙いを見ておきたい。

詳しくは後述するが、これからエネルギー分野でブレークスルーが生まれるのは、運輸・自動車の分野でのバッテリー技術と自動運転であろう。それで省エネ型の電気自動車、そして無人貨物船やハイブリッド輸送船、原子力船を動かしていくようになる。アメリカは環境問題に対応する新たな技術の分野でも、広大な土地と資金力を活かして、相当思い切ったことをやってくる。体力が違うからだ。

日本は安い電気をつくる技術も施設もあるのに、世論の反対で原発を動かせない。もし原発を稼働させないまま再生エネへの投資をするとなれば、ドイツのように電気料金を上げるしかない。すでに前章で、ドイツの再生エネ賦課金は、月々2500円から2600円に高騰中と書いた。そのためドイツ国内ではエネルギー貧困（Energy poverty）の問題が起き、経済に悪影響を与えつつある。日本でも再生エネ賦課金はじわじわ高くなり、政府は必死に下げようとしている。再生可能エネルギーへのシフトを進めるには、それなりの資金が必要なのだ。

世界のエネルギーは2030年ごろまでは、まだまだ化石燃料と原子力が主流であり、再生エネはあくまで補完的存在でしかない。ドイツが唱えるような再生エネ8割は夢のまた夢。実用の蓄電池技術が満足なものになるのは2050年以降、21世紀後半にならなければ実現しないだろう。それまで先進国と新興国による化石燃料の争奪戦は壮絶を極める。争いの中心は、やはり中東だ。

中東でまったく新しい秩序が誕生する可能性もあるが、2030年ごろまでは、やはり中東の大国、サウジアラビアとイラン、トルコの争いを中心として、米中ロのどこが仕切り役となるのかにかかっている。

筆者は、仕切り役の側面ではロシアが周回遅れになると見る。前記でみたように国家経済が資源輸出に8割がた依存しているようでは、資源価格の変動にその都度ふりまわされ、経済のひっ迫は避けられない。

となると、アメリカと中国が中東の資源をめぐって激しい争奪戦を繰り広げることになる。中国は経済が減速しても、大量の人口と資金力は底知れない。たとえ共産党政権が混迷に陥ったとしても、人とカネがあれだけ国外に流出し続けている以上、世界の中国化は避けられない。しかも中国共産党は、独裁体制のため、経済効果を度外視した強硬な外交ができるという特徴を持っている。経済的相互依存関係にあるアメリカを欺き、出し抜くようなことも平然とできる。

当然、アメリカは出し抜かれることも想定して、防止策を考えている。今は中国の景気を減速させるよう仕向けているところだ。アメリカは中国に経済戦争を仕掛けられても、自由主義国家なのであまり痛まない。大統領の支持率が下がるだけだが、しかし中国では、景気減速が共産党政権に与えるダメージは大きい。

何より、アメリカのグローバル企業のパワーはすさまじい。中国経済も相当牛耳っている。だが中国外交もしたたかだ。結局は米中が中東の資源を動かしていくだろう。

日本の立場はどうなるか。アメリカは前述したように、サウジアラビアからイランに乗り換えるつもりだ。サウジアラビアが、これまで国内に進出した外国企業への規制を緩め、もう少し自由に儲けさせていたら、事態は違っていただろう。だがサウジは国内市場を開放せず、米国の敵であるテロ集団を支援して世界中にはびこらせた。アメリカは資源がピークアウトしたサウジより、イランのほうが将来性があるとみて、将来の「乗り換え」に向けた布石を打った。

日本はどうすればいいのか。サウジは日本にとって最大の石油輸入国だ。しかし、かつては同時に、イランともビジネスライクな関係を築き、世界最大級のアザデガン油田開発に全面的に協力していた。それがアメリカの制裁に加担したことで中国に奪い取られてしまった。もちろん今後も、中東政策は日米同盟の枠内でしか動けないが、ほかに経済ベース、文化交流ベース、学問ベースと幾重にもカモフラージュして、もう一度イランに投資の種をまく。そしてサウジとも慎重に関係を維持することだろう。

サウジは日本にとってまだまだ重要だ。アメリカとの関係を保ちつつ、サウジとイラン両国とうまく付き合う二重外交を採用するしかない。それが資源小国日本が生きていく知恵であり、この点では韓国を見習うべきだ。

前記した、地球温暖化で注目される北極圏。日本でも北極圏航路利用と海底資源開発の論議が盛んになっている。それはシーレーンを多元化する意味でも重要になる。

日本はこれまで、原油輸入の8割を中東に依存してきた。原油を運ぶには、世界の火薬庫に隣接するホルムズ海峡や、海賊やテロの危険があるマラッカ海峡を通らなければならず、そのコストと費用（莫大な保険料も含めて）が大きな負担となってきた。

北極圏には世界の石油・天然ガスの埋蔵量の5分の1が眠っているとされる。地球温暖化をどうにかしなくてはいけない一方で、北極圏の氷解が進み、にわかに宝の山となりつつあるのも事実だ。

日本政府は新たな「海洋基本計画」で次のように明記した。「将来の北極海航路の利用に向けた各種取り組みを加速化させる」。また「北極海に係る諸課題に対する関係省庁連絡会議」を設置した。さらに商船三井や東電、三井物産など民間企業とともに北極海航路の利用に関する検討会も始めている。商船三井は北極海では世界初となる通年の定期航路輸送を2018年中に始める。ロシア北部で産出する液化天然ガス（LNG）を、砕氷機能を持つ専用船で欧州やアジアへ輸送する。

新物流ルートには日本の経済界も注目している。仮に北海道の港湾を北極海航路のアジアにおけるハブ港とすれば、大幅なコスト安につながるからだ。

しかし、前記したように中国、それに加えて韓国も、すでに日本政府以上の活発な北極海航路活用に動き出している。

もちろん日本政府もこれまで多くの勉強会を開き、シミュレーションを重ねてきた。例えば自動車部品などを想定した苫小牧―ロシア・サンクトペテルブルク間の航路の試算では、スエズ運河経由が37日間なのに対し、北極海航路は23日間と14日も短縮される。当然コストも数百万円から数千万円単位で安くなる。

現在はLNGの運搬が想定の大半だが、将来は農産物ほかの運搬にも期待は集まる。しかし、全体的に日本国内の腰は重い。ここでもまずは他国の様子を見ている状態だ。

日本のシーレーンの脆弱さ

日本のシーレーンで、最重要の航路かつ危険視すべき三つのチョークポイントがある。その第一がペルシャ湾とホルムズ海峡。2016年4月、世界の石油の輸送ルートとなっている中東・ペルシャ湾で、日本やアメリカをはじめ34か国が参加する軍事演習が行われた。

そのうちアメリカ軍の演習は実戦さながらだった。アメリカ掃海艦がテロ攻撃を想定し、ソナーで発見した物体が機雷かどうかを特定するため、水中に無人探知機を投入する訓練が行われた。この演習を指揮したアメリカ海軍第5艦隊のドネガン司令官は「武装勢力による国際貿易への脅威は本物だ。訓練を通じて脅威を減らしていきたい」とコメント、ISなどのテロ攻撃が起きる可能性を強く示唆し、世界に大きな警告を与えた。

ホルムズ海峡を含めたペルシャ湾は日本の最重要のシーレーンで、日本の原油の8割、天然ガスの約25％がここを通る。1日あたり約60万トン輸入する原油の大半がホルムズ海峡を通過する。日本関連の船舶だけでも年間4000隻、ホルムズ海峡を一番使っている国の一つだ。最も狭い場所で2・4キロ、水深は100メートルに満たない。そこがテロで攻撃されたり機雷が撒かれたり、さらには大型タンカーが水深の浅いところで撃沈され、沈められたら航行に即影響が出る。悪夢のシナリオだ。

ホルムズ海峡を封鎖し、航行不能にすることが、どれほどインパクトを持っているかは仕掛けるほうも当然、熟知している。

イランは2012年、EUに制裁を科された際、対抗策としてホルムズ海峡を機雷封鎖するという方針を打ち出したこともある。

仮にホルムズ海峡が封鎖されたら日本はどうなるか。ガソリンも灯油も高騰し、株価は暴落、経済は破滅する。電力もほとんど化石燃料に依存している以上、国内で大停電すら起こりかねない。日本の石油備蓄は半年分しかないし、液化天然ガスはそもそも備蓄が困難だ。備蓄を放出する動きが出れば株価はさらに暴落し、状況によっては経済や国民生活に深刻かつ死活的な影響が出ることも予想される。

その後、経済制裁の解けたイランには、多少の余裕が生まれ、機雷封鎖などという挙に出る可能性は少なくなった。その代わりに脅威として急浮上しているのはアルカイダやISなどイスラム・テロ組織だ。船舶を標的にしたテロを起こす可能性があり、実行できるだけの高い組織力を秘めている。

例えば、2015年1月にフランス・パリの風刺週刊紙「シャルリエブド」本社が容疑者2人に銃撃され、編集長や風刺漫画家ら12人が殺害された事件で犯行声明を出したのはイエメンを拠点とするイスラム過激派組織「アラビア半島のアルカイダ（AQAP）」だった。彼らがもし、ホルムズ海峡でテロを起こそうと考えたら、それを遂行できる資金と技術、テロ実行部隊を持っている。

そして、もうひとつ可能性のある集団が、アメリカが持て余しているISだ。豊富な資金と2万人近い兵力を持つISには、1年間で中東・北アフリカを中心に3000回の攻撃を繰り返す力がある。彼らが大型タンカーをシージャックして、それを浅瀬に沈めるだけでホルムズ海峡はパニックになる。さらには一定数の機雷を撒くことも可能だ。だからアメリカは、ここにきて総力をあげて潰しにかかっている。最初はポーズ的なものだったが、今は、ビン・ラディンを殺害したときと同様、情報機関と特殊部隊が組み、本格的に対テロ戦争を仕掛けている。

そんなアメリカの出方に対して、ISはかえって攻勢を強めている。追い詰められるほど、打開策はさらなるテロ攻撃しかない。資金的にも原油安で徐々に苦しくなっているので、とにかく混乱を起こす目的で、シーレーン攻撃を実行する可能性は高い。

そして、テロの可能性がある第二のチョークポイントが、マラッカ海峡だ。

マレー半島とスマトラ島（インドネシア）の海峡で、太平洋とインド洋を結ぶ海上交通上の要衝だ。２００５年における年間の通過船舶数は９万隻。世界のシーレーンの中でも最重要でスエズ運河、パナマ運河、ホルムズ海峡と並ぶ４大航路の一つ。

全長は約９００キロメートル、幅は65キロ前後の細長い海峡。しかし平均水深は約25メートルと浅く、岩礁や小さな島、浅瀬が多い。特にシンガポール付近のフィリップス水路は幅が２・８キロメートルと非常に狭く、水深も23メートルしかないため、世界の航路のなかでも有数のボトルネックとなっている。ここを日本で使用する原油の８割が通過する。もちろん中国行きの輸送船も大半が通る。さらに日本の原発から出た核廃棄物を積んで、フランスで再処理する船も行き来する。

２０００年前後には、タンカーがシージャックされる事件が頻発。その回数は多い年で１００件にのぼった。

日本の船も襲われた。2014年、日本の石油タンカーが海賊に襲撃され、乗組員3人が連れ去られた事件が起きた。マレーシア海洋警察によると、シンガポールからミャンマーに向かっていた「第1浪速丸」が高速ボートに乗った6人の海賊に襲撃された。海賊は、タンカーに積載されていた500万リットルのディーゼル油の半分以上を抜き取り、待機していた2隻の船に積み込んで逃走した。

こうした海賊行為が頻発したため、シンガポール、マレーシア、インドネシアなどが監視を強める対策をとったところ、海賊被害は激減したというが、海賊がシージャックできるのだから、テロリストにとっても仕掛けやすい場所なのである。

南シナ海、東シナ海で増す中国の野心と暴挙

そして三つ目のチョークポイント、南シナ海。中国の軍事行動への懸念が深まっている。

2012年の習近平政権誕生以降、フィリピン西方の南シナ海で、中比両国が領有権を主張している排他的経済水域（EEZ＝200カイリ内）内の岩礁に、中国が人工島を造成、拠点化のための埋め立てを加速させている。

軍事アナリストは次のように指摘する。

「南シナ海には歴史的に、中華民国の領有権を示す九段線があり、これを中華人民共和国が引き継いだものとする主張だ。しかし、これは何の根拠もない一方的なもので、周辺国も認めるわけにはいかない。事実、2016年7月のオランダ・ハーグ仲裁裁判所による判決では、中国側の主張は根拠がないと、一蹴された」

これにより中国とフィリピン、アメリカなどとの緊張は、新たなステージに突入した。アメリカは南シナ海での航行の自由を求めて、同盟国であるフィリピン、日本、台湾さらには最近急接近しているベトナムとともに、警戒を強めている。

中国は、すでに南沙諸島のスプラトリー諸島を埋め立て、滑走路やミサイル発射基地などを建設してしまった。この島についてもアメリカが再三警告したが、それを無視して一気に既成事実化した。次に手を伸ばしてきたスカボロー礁はそれよりもはるかにフィリピンに近く、マニラから約350キロ。中国が人工島にミサイルを設置すれば、フィリピンの首都が射程圏内に入る。

「アメリカは米軍機を派遣、監視と警告をしているが中国は自国所有権を主張、強気だ。米軍が艦船派遣、軍用機の派遣も本格化、監視飛行を続けていることに中国はアメリカの原子力空母ジョン・C・ステニスの香港への寄港要請を拒否するなど緊迫している。中国は、すでにオバマ大統領の任期満了とアメリカ大統領選の推移を見ながら、それほど思い切ったことは実行不可能だろうと、アメリカの足元をみながら動いている。しかし、アメリカをなめると、かえって強硬な対抗措置を誘発してしまう可能性もある。アメリカにはプライドと維持と、実行する軍事的パワーもある」（軍事アナリスト）

その証拠に2016年6月4日、シンガポールで開かれた「アジア安全保障会議（シャングリラ・ダイアローグ）（英・国際戦略会議）でアメリカのカーター国防長官は、フィリピンがスカボロー礁での中国の実効支配の動きを「国際法違反」と訴えた常設仲裁裁判所（オランダ・ハーグ）の判決が出ることを念頭に「国際法を守らないならば、その行為は自国を孤立させる『万里の長城』を築くことになる。国際法を守る今回が孤立を免れる絶好の機会となる。さらに、国際法の順守や紛争の平和的な解決のために原則に基づいた安全保障のネットワークを多国間で構築することが大事。同時にアメリカは、地域の安定のために（何かあれば）最強の軍事力を投入する」と中国を強く牽制した。

これに対し、中国代表の孫建国・中央軍事委連合参謀部副参謀長（海軍上将）は記者団に囲まれ「彼が言ったことは間違っている。中国は孤立していない」と猛反発した。

さらに翌日、2016年6月5日の同会議での中国側演説で、フィリピンが提訴した常設仲裁裁判所の審理について、領土主権問題は国連海洋法条約の範囲外で、提訴は国際法に違反するため、判決の結果は中国には何ら拘束力はなく、受け入れられないと述べた。さらに南沙諸島の人工島については民生用が主だが、脅威の程度に応じ、軍事防御施設も作るとして軍事拠点化を否定しなかった。さらに自らはもめごとを起こさないが、もめごとを恐れもしないと言い、アメリカを逆に牽制した。

またアメリカが韓国に対北朝鮮用として配備を進める地対空、高高度迎撃ミサイルシステム「THAAD（サード）」について断固反対の主張を繰り返した。朝鮮半島へのTHAAD配備をなぜ恐れているのか。このミサイルの射程距離はたったの200キロしかない。

軍事アナリストが言う。

「中国が怖がっているのはTHAADと一緒に配備されるXバンドレーダー。1800キロ、つまり中国の奥深くまで探査できるシステムだ。そのため、あくまで北朝鮮用と韓国が言っても納得しない。韓国もそういう意味では苦しい立場。対中貿易のシェアが2割を超えた韓国はアメリカ以上に中国にソッポを向かれないよう配慮しなければならない。中国は、この問題で韓国にプレッシャーをかけながら、日米韓の同盟にくさびを打ち込みたい腹だ。すでに来年にも配備計画が始まるTHAADを、韓国が最終的に受け入れるのかも、今後のアジア情勢を見る上では極めて重要だ」

韓国は腰砕けにならず、アメリカに最後まで従うだろうか。韓国同様、中国への依存度が高いカンボジア、ラオスなども中国との対立を避けたい。だがベトナムとインドネシアは強気で、この日のアジア安全保障会議に出席していたベトナムのグエン・チー・ビン国防次官は、朝日新聞の取材に当時、こう答えていた。

「外交的・法的な解決は平和的解決の手法として確立されている」（朝日新聞2016年6月5日朝刊）として、国際法にのっとった解決を支持した。

これはASEANをベースにした緩やかな地域統合の枠組みが、崩壊に向かっていることを示す発言だった。中国はTHAAD配備問題で韓国を強く脅しているように、アメリカとフィリピン、ベトナムや日本などとの個別の連携にくさびを打ち込み、離間させる戦術をとる。中国の、力による現状変更の試みに対抗するには、フィリピン、日本、ベトナム、インドネシアなど脅威に直面する国々が足並みを揃えてアメリカと協力するしかない。国際法を遵守し、既存の枠組みを維持するよう、各国が一致して働きかけることだ。

アジア安全保障会議の翌日に北京で開かれた第8回「米中戦略・経済対話」でも、この問題で激しい議論が繰り返された。出席したのはアメリカのケリー国務長官、ルー財務長官。そして中国からは習近平国家主席、楊潔篪《ようけっち》国務委員、汪洋副首相らが出席した。

「この席で、前日までシンガポールで開かれていたアジア安全保障会議でカーター国防長官と中国代表の孫建国副参謀長が南シナ海をめぐり激しい応酬で対立したことを念頭においてか、習国家主席が『しばらく解決できない係争もあるが、相手の境遇を考え、建設的態度で管理を強めなくてはならない』と述べ、南シナ海の中国領有圏にする動きを止める気はないことを示唆した。しかし、一方では、アメリカと中国はアジア太平洋地域で広範な共通の利益がある。お互い排他的ではない経済圏を作る努力をすべきだとして、アメリカと中国の2か国だけで、利益を山分けしようとアメリカに持ちかけ、全面対決を避ける姿勢を示したのです」と政府関係者。さらにこう付け加える。

「これを受けてケリー長官は、そんな話は聞かなかったかのように、法と外交、そして話し合いを尊重し、さらにフィリピンがオランダのハーグの常設仲裁裁判所に申し立てている審理を尊重すべきという立場で、すべての国は、大国だろうが小国だろうが、国際法と規範を守るべきだと主張したのです。このケリー長官の苦言を習主席は、憮然とした顔つきで聞いていたようです」

対立は、6月7日の閉会時の記者会見でも繰り返された。

「ケリー国務長官は会見でも『南シナ海問題は法に基づいて平和的に問題を解決することを支持する。そして我々は航行の自由、飛行の自由を守ることに力を尽くす』と重ねて中国を牽制した。しかし、中国の楊潔篪国務委員は『南シナ海の諸島は古来中国の領土で、自らの領土と主権、合法的な海洋権益を守る権利がある。常設仲裁裁判所の判決も受け入れない』と激しく反論している。習国家主席は、あからさまなアメリカ批判はしないよう幹部らに指示しつつも、一歩も引かない姿勢を打ち出していた」と外務省関係者が明かす。

この「古来から中国の領土」という主張は歴史的根拠に乏しいが、中国はまったく意に介さない。この米中会議前にシンガポールで開かれていたアジア安全保障会議でも、中国代表の孫建国・中央軍事委連合参謀部副参謀長は「南シナ海は中国がもっとも早く発見し、命名し利用、管轄してきた」と述べ、各国に、その旨をまとめた冊子を配る念の入れようだった。

さらにこの会議では「鉄鋼・アルミ戦争」でも舌戦の火蓋が切られた。つまり中国の過剰生産問題が世界市場をゆがめ、アメリカ経済に大ダメージを与えていることを鋭く批判したのだ。

例えば中国の過度の鉄鋼生産では世界的な鉄あまりと価格暴落をもたらし、アメリカ最大級の鉄鋼会社USスチールなどが苦境に追い込まれている。そのためアメリカは中国の鉄鋼などには高い関税を課すことを決定、次々と対策を講じている。

「オバマ民主党政権はトランプ共和党大統領候補が中国批判を強め、攻勢をかけている中で、民主党大統領候補となったヒラリー・クリトン前国務長官を援護射撃する意味でも、中国に強気の姿勢を見せつける必要もあった。これには、習主席もタジタジとなっていたようです」（政府関係者）

前述したように2016年7月12日、常設仲裁裁判所は南シナ海に「歴史的権利」を保有しているという中国の主張は無効だとする判決を下し、国際法上は決着がついたが、これにより、ルールに基づく国際的な秩序という米国流の考え方と、中国の歴史的権利はいかなる国際法よりも優先されるとする中国とが、完全に対立する局面を迎えた。

アメリカが強気の動きに出るなら、1996年、反中とみなす李登輝総統再選を阻止しようとした台湾海峡危機が再来するかもしれない。中国の威嚇ミサイル実験にアメリカ空母が出撃、中国は中止、後退せざるを得なくなった。それ以来、アメリカに軍事コンプレックスを抱いた中国は、ひたすら軍備増強に励んできたのだ。そして、もうアメリカの脅しには屈しないと、ASEAN各国を脅しにかかっている。

そもそも、中国がスカボロー礁を実効支配したのは、2012年のことだ。

「フィリピン軍の6倍から7倍の監視船と軍艦を送り込んで一気に実効支配した。フィリピンのスービックにはかつて世界最大級の米軍在外基地があった。しかしアメリカは冷戦が終わると、多額の予算を食うこの基地から92年に撤退した。それとほぼ同時に中国は周辺海域の権益を主張する領海法を制定。直後からちょっかいを出し始めた。そしてアメリカが警戒していないと分かると、一挙に実効支配に踏み切ったのだ」(防衛省関係者)

慌てたフィリピンは2013年、仲裁裁判所に前述の仲裁手続きを申し立てるとともに、2014年にはアメリカに泣きついて、米軍の再駐留を依頼。米軍がフィリピン軍基地を共同で利用できる新協定を結び、再駐留の流れがつけられた。

フィリピンの新大統領に就任したドゥテルテは、当初、このスカボロー礁問題で中国と対話する意向とされていたが、すぐに拒否する姿勢に転換した。比政府関係者は「中国がドゥテルテに、開発資金をエサにスカボロー礁問題でゆずれと主張し、もし大統領がそれに応じるようならフィリピン国会がドゥテルテを大統領からひきずりおろすだろう」と警告していたが、実際に対話を拒否し、中国政府に仲裁裁判所の判決を受け入れるよう求めるなど、姿勢を変化させた。

米中双方が一歩も引かず、状況が緊迫化して中国と周辺諸国との小競り合いが頻発すれば、南シナ海は紛争の海となる。日本のシーレーンはここでも、極めて脆弱だ。

南シナ海の軍事対立が有事に発展すれば、中国は1980年代に主張しはじめた第一列島線の封鎖を強行するだろうと筆者は見る。第一列島線とは日本の九州、沖縄、台湾、フィリピン、ボルネオ、ここを結ぶ中国寄りのラインは、中国の制空、制海圏という主張だ。

そうなると、日本の石油、物流などの大動脈となっているマラッカ海峡から南シナ海を抜けてバシー海峡に出てくる航路は完全に中国の支配下に置かれる。紛争地域となれば、安全航行は不可能になる。

そうなってくると日本は、マラッカ海峡を抜ける航路を回避して、インドネシアのバリ島とロンボク島の間を抜けるロンボク海峡から太平洋側に出て、日本に至るルートを選択するしかない。しかし、ここはマラッカ海峡を抜けるより1700キロも遠く、日程的に3日ほど余分にかかってしまう。その分、追加コストが発生する。

しかも、中国との紛争が激しくなった場合、ここは中国が一方的に主張している第二列島線に入る。いわゆる小笠原諸島、グアムをも含む線だ。

シーレーンのチョークポイントと中国の軍事防衛ライン

小笠原諸島近海に漁船を自称する中国海上民兵が多数進出し、サンゴ密漁を行ったのは、このデモンストレーションであったと指摘する識者もいる。中国の潜水艦や軍艦、航空機、そして「海上民兵」が第二列島線にまで進出し、機雷を撒いたり貨物船の航行を妨害したら、日本のシーレーンも即、危険になる。結局、オーストラリアの北の沿海を遠回りするルートしかなくなれば、コスト高による日本経済への影響は計り知れない。

アジアに押し寄せるテロ。さらなる日本のシーレーン危機

南シナ海には、中国と周辺諸国との対立のほかに、新たなテロの影が忍び寄っている。中国の進出に悩むフィリピンは、実はイスラムというもうひとつの脅威にさらされているからだ。

フィリピン南部、バシラン島で2016年4月、地元のイスラム過激派アブサヤフがフィリピン国軍のトラック7台を爆破、国軍兵士18人が殺害された。交戦により、過激派側も5人が殺害されたが、その中にはモロッコ人も含まれるなど、国際色を帯びていた。

「ＩＳが犯行声明を出した。過去にアブサヤフはＩＳに忠誠を誓い、アブサヤフの隠れ家

からＩＳの旗が押収されたこともある。ＩＳはフィリピン南部に住むイスラム教徒を対象に、政府への不満などに付け込んでカネを渡したり、ＩＳに入れば暮らしが楽になるような話で勧誘している」（フィリピン事情通）

フィリピンの反政府組織といえば、ミンダナオ島などで勢力を張ってきた「モロ・イスラム解放戦線」（ＭＩＬＦ）が有名だ。もともとミンダナオ島はイスラム教徒が多かったが、ここにキリスト教中心のフィリピン政府が軍隊を使って侵攻、対立が深刻化した。

イスラム教徒はミンダナオ島などを中心に、フィリピンの人口の約2割を占める。イスラム勢力は１９７０年代に自治独立を求め、ＭＩＬＦを中心として武装闘争を始めた。度重なる武力衝突の犠牲者は、政府軍とＭＩＬＦ双方で10万人を超えた。

こうした長い闘争の末、日本などの仲介もあり２０１４年、当時のアキノ大統領とＭＩＬＦとの間で和平合意に至り、２０１６年6月を目途に、ミンダナオにイスラム自治区を設立する予定だった。

「ところがＭＩＬＦ内部にも、また別の武装勢力にも和平合意に納得せず、フィリピンの平和を望まない勢力があり、彼らの突き上げで和平合意後も、政府とＭＩＬＦの間で武力衝突が何度か起こり、いったん合意した和平案が本当に実現できるか危ぶまれている。和平合意を壊そうとしているのはＩＳにつながる勢力であり、またフィリピン政府の安定を喜ばない中国だという。ＩＳはＭＩＬＦの兵士の切り崩し、さらに中国は別の反政府組織に裏で資金援助をしているという未確認情報が盛んに流れています」（前出事情通）

ＩＳのフィリピンでの動きは4月の軍との衝突事案だけではない。２０１６年２月にはミンダナオ島でＭＩＬＦやアブサヤフとは別の武装集団が政府軍と衝突、双方で48人が死亡した。この武装集団の背後にもＩＳがいるという。また16年4月には先のアブサヤフに誘拐されたカナダ人の切り落とされた頭部が発見された。身代金交渉が決裂した末の残虐な仕業だ。いまやＩＳはＭＩＬＦを乗っ取って、フィリピンに新たな拠点を作り上げる野望を持っている。万が一そうなったら、テロ攻撃の懸念が増す。船舶関係者によると、

「日本などが使用するシーレーンは、マラッカ海峡ルートにしてもロンボク海峡ルートにしても、それぞれフィリピン・ルソン島の北側か、ミンダナオ島の南側を通る。ここにＩＳの一大拠点ができれば、シージャックなど最も警戒を要するテロ地点になりかねない」

腐敗したフィリピン国家警察（ＰＮＰ）は、反政府勢力に恒常的に武器を横流ししているため、彼らの手引きでＩＳがはびこる可能性は否定できない。

だからこそ新大統領にドゥテルテが選ばれ、国民から大きな期待が寄せられたわけであ

る。

かつて、ドゥテルテはマニラで開かれた「麻薬・誘拐撲滅サミット」でも、「もし、あなたが誘拐犯や麻薬密売人なら、自身の命を賭けたということ」「犯罪者が歯向かってきたら撃ち殺す」と公言し、ゲリラや強盗、犯罪組織と徹底して戦う姿勢で有名になった。

実際、その実績は悪名高いものである。彼が1988年ダバオ市長就任時、市は犯罪で溢れかえっていた。タクシーのぼったくり、強盗、共産ゲリラの襲撃が頻発、フィリピンで最も危険な街と化していた。そのダバオ市長に検察官から転じたのがドゥテルテだ。犯罪撲滅を掲げて、犯罪者を撃ち殺すDavao Death Squadという私兵まで組織、リンチまがいの死刑、さらには汚職まみれの役人も私刑で殺害したといわれる。またダバオ市民の脅威だった共産ゲリラが逃走する際、自らヘリに乗り、マシンガンで攻撃するという、まさにバイオレンス映画を地で行くゲリラ狩りなど、「目には目を」で犯罪撲滅を図った。

「このためダバオはフィリピン一の凶悪都市から世界でもっとも安全な都市の仲間入りし、80年代に100万人前後だったダバオ市は、今では約140万人と大幅な人口増にもつながっています。そしてドゥテルテは大統領になったら、さらに共産ゲリラと交渉し、正面から対峙する姿勢を見せているのです」（前出事情通）

また前記したようにスカボロー礁問題でも、ドゥテルテ新大統領は中国との話し合いを拒絶し、アメリカや日本との関係を大事にしたいと述べている。

新大統領は「フィリピンのトランプ」と揶揄されているように、不安材料を抱えている。国会議員やフィリピン軍との対立、さらにはジャーナリストへの弾圧による国際社会との軋轢《あつれき》だ。

まずフィリピン軍の嫌がらせのような軍事衝突が起きている。

2016年6月15日、ネグロス島で共産ゲリラNPAとの衝突が勃発した。

「ドゥテルテ新大統領は60年代にフィリピン共産党を再建、欧州を拠点に活動中のNPA指導者ホセ・マリア・シソンと友人関係で、新政権発足後、共産ゲリラを釈放し和平交渉に入る構えを示していた。ところが、それからわずか数日後、フィリピン軍とゲリラの銃撃戦で軍の兵士3人が殺害された。軍によると、NPAが村民から資金を脅し取っているという情報を得た部隊が調査活動中、ゲリラと衝突した。軍はゲリラが悪いとしているが、事実関係は不明。いずれにしても新大統領のゲリラ釈放と和平交渉に軍内では反発の声が多い。軍内強硬派が仕掛けた可能性もある」（前出事情通）

当然、フィリピン議会・国会議員との軋轢も起きてくるだろう。

国際社会では、かつてのDavao Death Squadの私刑を問題視する声も出ている。さらに評判を悪くしているのが、ジャーナリスト、記者との対立だ。

2016年5月末、フィリピンのベテラン記者が首都マニラで銃撃されて殺された。この事件を受け「どうやってジャーナリストを守るのか？」と記者会見で質問されたドゥテルテは、悪いジャーナリストは死んで当然だと言い放った。さらに「ただジャーナリストであるというだけで、暗殺を免れることはない。クソ野郎であればなおさらだ」と答え、大顰蹙《ひんしゅく》を買っている。

フィリピンでは、この30年間で少なくとも174人のジャーナリストが殺害された。特に2009年には、32人ものジャーナリストが一度に虐殺される事件があった。ドゥテルテは、そうした記者の死に「率直に言って、殺された奴らのほとんどは何かをやらかしたのだ。間違ったことをしなければ、殺されることはない」と言い切った。そして今後は記者会見をしないとも吠えた。国境なき記者団に代表される国際世論も、こうした新大統領の姿勢を問題にしている。

ISの暗躍を抑え込む意味でも、まず共産ゲリラとの交渉・鎮圧が必要だが、新大統領は軍や議会との対立でうまく事を進めることができず、その鬱憤を晴らすため批判的なマスコミとも衝突し、弾圧する可能性がある。かつての「ダーティハリー」の政権はやがて機能しなくなり、イラクで拠点を失ったISがアジア方面の新たな拠点として、フィリピンに進出するのを許してしまうかもしれない。

もしフィリピン内政が混乱に陥れば、日本の隣国で国際テロ組織が活発に活動するようになる。同国内のみならず、フィリピン沿岸でのテロ攻撃も起こりうる。日本にとって、中国の軍事的脅威と並ぶ、近い将来の大きな危険因子であることは間違いない。

またアメリカ人がもっとも懸念している、イスラム組織の核テロの可能性も高まっている。

トルコ北西部に位置するジョージア（旧グルジア）の治安当局は2016年4月28日、放射性物質（ウラン）の密売を企てていたとして5人の身柄を拘束したと発表した。同国でウラン密売をめぐる逮捕者が出たのは、今月に入って2回目。

「治安当局によると、5人はウラン238とウラン235などの放射性物質1・6キロを300万ドル（約3億2200万円）で密売しようとしていた疑いが持たれています。ジョージアでは、今回の拘束の10日前にも、ウラン238を密売しようとしたとしてジョージア人3人、アルメニア人3人が逮捕されたばかり。この6人はウランをなんと230億円で売ろうとしていた容疑で、ウランは所持しているだけで極めて危険なだけでなく、科学知識を持った人間がやろうと思えば核爆弾や劣化ウラン弾という破壊力と汚染度の強い爆弾も作れる。旧ソ連が崩壊したあと旧ソ連には大量のウランがあったが、それを旧ソ連軍がカネに替えようとしてあちこちにばら撒いたという。それが今、世界各国に出回っている。これがＩＳをはじめとするイスラム組織に渡らないと言う保証はない」（報道関係者）

アルカイダやタリバン、ＩＳも、もとは対立勢力と戦わせるためにアメリカなどが支援して、一種の鬼子として作られたものだ。しかし、鬼子は権力と資金源を奪うと、とてつもないリバイアサンになった。鬼子を作ったとされるアメリカやサウジアラビアは自らが火の粉を浴びる事態になると、今度は叩き潰そうとする。それがシリア問題、難民問題、さらにはイラン制裁解除、ロシアの強硬策、トルコの政情不安、そしてサウジの不安定化とさまざまな動向へ飛び火している。

テロが国際政治を動かす時代は、当分続くだろう。

日本存続のための「脱大型原発」「海中小型原発」の道

ここまで述べたように、エネルギー分野でのアメリカの強さは際立っているが、では日米同盟を結んでいる日本は、いかに戦略的にエネルギー資源を確保し、自給率を上げていけるだろうか。

独立した主権国家として〝まとも〟なエネルギー政策を持つことが、生存の可否を決める。そこで、日本の将来を切り開くための、具体的なエネルギー政策についてまとめておこう。

何度でも繰り返すが、2030年を見据えた日本のエネルギー政策は、まず脱化石燃料への道筋をつけることだ。そうすれば原油やガス価格が高騰しても、対応できる。さらに、世界の火薬庫・中東のくびきからも脱却でき、マラッカ海峡などいくつかのチョークポイントの危機からも逃れられる。テロの標的となるリスクも減らせるのだ。

では、脱化石燃料への道筋をつけるにはどうすればよいか。それには既存の原発を動かしつつ資金を捻出し、再生可能エネルギー100％に向けた新技術開発に投資して、質の向上を図るしかない。例えば太陽光発電の効率を、今の何十倍にも上げる技術革新が必要だ。それが可能になるまで、不足する電力は当面、今ある原発と化石燃料に頼るしかない。そして脱化石燃料のピッチをあげた後に、脱原発のプロセスに移行する。

脱原発は絶対に必要だが、段階を踏んでいかなければ実現しない。特に脱原発プロセスの第一歩は、まず脱大型原発という選択になることを強調したい。脱原発は大型原発の停止・廃炉から。それをいちはやく実現するためにも、資源のない日本では、発想を転換して、小型原発に切り替えていくことから始めるのだ。

政府は、2030年までに脱大型原発政策を実行し、2050年までに完全な脱原発を目指すという目標を、一日も早く明言することだ。

筆者の案は、原子力潜水艦程度の大きさの原発をいくつも作ること。それを既存原発の沖合の海中に沈めて設置するという案だ。おそらく多くの読者には荒唐《こうとう》無稽《むけい》と受け取られるかもしれない。安全性の面で疑問視する向きや、強い感情的反発も惹起するだろう。

だが実は、この海中小型原発案は、すでに原発先進国フランスで実用化に向けた実験が始まっている。

フランスの造船会社DCNは2011年、約5年後の実用を目指して試験を開始した。フレックスブルーという名称の小型原発は長さ約100メートル、直径約12~15メートル、排水量1・2万トンで、離島の沖合5~15キロメートル、水深60~100メートルの海中に設置され、5万~25万キロワットの出力で発電し、10万人~最大100万人に電気を供給できるシステムだという。これらに目をつけた韓国では、実験機の一部をフランスから購入し、日本海の沖合で実験中という話もある。技術的には十分可能なのだ。

さらに前記した、中国が海上に建設する小型原発も、発想としては類似のものだろう。

水中に設置するメリットは安全性であり、実は地上型よりもはるかに高い。地震や津波のリスクがほとんどなくなる。水を満たした容器内で核物質の放射能がシャットアウトできることは、福島原発の事故対応で一般の人も知るようになったが、もとより原子力専門家や技術者なら誰でも知っている。原子炉を護るキャスクは、ミサイルが撃ち込まれたぐらいではビクともしないし、水中にあればテロも起こしにくい。何よりも移動させることができる。移動した先で海中に引いた送電線につなげば、いつでも発電を再開できる。

フランスのものは5万から25万キロワットだが、筆者が考えているのは今の原子炉100万キロワット級の10分の1、つまり10万キロワットのものを1か所に10基程度、今の原発立地地点の沖合に設置する。なぜなら新たな立地候補地を探すとなれば、反対運動が強いため、迷惑施設としてなかなか条件が整わない。その点、今の原発立地場所の沖合ならば、これまでどおり原発交付金を支払いながら、沿岸の漁業者との話し合いも円滑に進むと考えられる。

もっともそこまで具体的に計画が進むには、少なくとも2030年頃までかかるだろう。だからその頃までは今の原発を稼働させていく。その間に脱大型原発のための法整備と、小型原発設置の実験を繰り返す。試作機の実験開始は2020年をメドとするのが、近い将来を見据えた日本のエネルギー政策だ。そこから5年かけて技術的設計、そして設置法と国民の合意を作り上げる。

技術開発よりも国民の合意というハードルが、最も高いかもしれない。一番厄介なのはイデオロギーだ。海中に小規模原発を設置する案に対し、いま原発反対を唱えている人たちは「とんでもない暴挙」と言うだろう。

しかし筆者に言わせれば、このまま高い化石燃料を買い続けるなら、日本はいずれ経済的に破綻する。これから先、2030年代に向けて、①価格変動の激しさ（ボラティリティ）、②産油国の政治的不安定性（中東問題）、③政治的に安定している産油国はアメリカしかないために、アメリカの思惑にコントロールされるリスクの増大、といった点から、原油価格は不安定な動きを繰り返すだろう。2030年代になっても原油に頼り続けることは、価格の乱高下に否応なく付き合わされる日本にとって、自殺行為だ。経済的に豊かなアメリカとこれからさらに経済成長する中国、インドなどの大国との資源獲得競争で、日本が買い負けするのは必至だ。そうなるまでに日本のエネルギー計画を20年先の脱大型原発、50年先の脱化石燃料や脱原発、再生可能エネルギーへの全面シフトという長いスパンで考えていかなくてはならない。石油備蓄量150日程度しか資源のない日本は、何かあれば一発でおしまいだ。

だから一刻も早く脱化石燃料から脱原発、さらに再生エネに移るべきだが、そこに至るまでの「つなぎ」の電力源として、大型原発から、よりリスクの少ない小型原発への移行が不可欠となる。外国からの電力融通に頼れず、資源のない日本には、脱原発は段階的にしか進められない。

2050年までのスケジュール

正しい知識を持たず、イデオロギーだけで反原発を唱える人たちが、メディアを使って人心を惑わせている。原発に限らず、例えば沖縄の辺野古移設問題も、冷静に考えれば、普天間基地返還を一日も早く実現したほうが県民は安全になるのに、反対の声が世論をつき動かしている。あれもひとつのイデオロギーだ。かつて日米安保条約に反対し、成田国際空港開設反対を唱え、原子力空母エンタープライズの寄港反対を唱えた世代が、今なおイデオロギーにとらわれ続けているのだろう。

考えてみれば60年代から70年代当時、なぜあれほど反対運動が盛り上がったのか。成田空港に反対していた人たちも今では大いに利用しているだろう。安保法制も中国の脅威を考えれば不可欠である。イデオロギーに支配された人たちの「反対のための反対」だからこそ、反省や総括がないまま、繰り返されるのではないか。

だが、イデオロギーにとらわれた人が多い団塊世代も高齢化で、まもなく社会の表舞台から引退していく。そうした意味では政治家も世論も、日本の真の国益と国民生活の維持のために、ソフト路線に転じて小型原発への理解が意外とスムーズに進む可能性もある。しかし、それには原子力の専門家、行政、官僚が、原発を正しく使えば、こんなに安価で利便性の高いものはないという平易な論で粘り強い解説、説明を繰り返すことが欠かせない。

もっとも、海中小型原発は２０５０年までの「つなぎ」にすぎない、短命なものである。では２０５０年以降はどうなるのか。当然、そのころまでには、再生可能エネルギー技術が格段に進歩しているはずだ。２０５０年以降には再生可能エネルギーを中心に、日本の総エネルギーの大部分をまかなっていく展望が開ける。そのためには脱化石燃料のカギとなる、蓄電池技術の革新が必要だ。核となるのは自動車だろう。

自動車の動力として注目されるのは、水素もあるが、やはり電気だ。電気自動車が今の化石燃料を燃焼させるエンジン車並みに普及するには、蓄電池の技術が相当進化することが求められる。今のガソリンスタンド同様、数分で充電できること。その1回の充電で数百キロ程度は走行可能となること。建設・設置コストがガソリンスタンド並みになること。そしていたるところに充電スタンドができることなど、クリアすべきハードルはまだいくつもある。

先日、NASAの国際宇宙ステーションのバッテリーが、日本のユアサ製の蓄電池に交換されるという報道があった。2013年、ボーイング社のバッテリー発火騒動の時、根本的な原因が解明されないまま、ユアサのリチウム電池だけが主犯扱いされたことがある。しかし、同社はこれを教訓として、リチウム電池にさらなる改良を加え、進化させた。そして、このほど宇宙ステーションの交換バッテリーに選ばれたのだという。

従来の宇宙ステーションのバッテリーと比較すると3倍も長持ちするというから、同社は危機を乗り越えて新たなビジネスの地平を開いた。世界一厳しいチェックがなされるN

ＡＳＡで採用されたことは、日本のリチウムバッテリーが世界のトップランナーであり、電気自動車の技術革新が、再生可能エネルギー分野でも日本をトップレベルに押し上げる可能性を秘めていることをうかがわせる。

なぜなら、安定的に発電できない再生可能エネルギーの電力を貯めておくための、軽量・小型の蓄電池が開発できれば、ノーベル賞ものの発明となるからだ。開発企業は第二のマイクロソフトやグーグルになれるだろう。電気自動車の普及は脱化石燃料の目玉となるだけでなく、バッテリー技術の進歩が、再生可能エネルギー発電の実用性を飛躍的に高める、技術革新につながる。

現状では、ガソリン車程度に安くスピーディに充電でき、大量の電力を貯めるようになるには、まだ時間がかかる。やがて電気自動車のバッテリーが家庭用の電源に組み込まれる日がくるだろうが、その前に導入されるのは、前にも触れた自動運転の技術だ。あと10年もすれば、自動運転はかなりの実用レベルに達し、２０５０年には一部運輸業務以外はほとんどが自動運転に取って代わられる。世界中の自動車会社やグーグルが自動運転技術を競っている。自動運転が普及すれば交通事故も格段に減少する。そして高齢者のアクセルとブレーキの踏み間違い、高速逆走といった問題は解消され、高齢者の買い物難民なども解決されていくだろう。船舶での輸送やドローンを使った輸送にも、自動運転が普及する。

脱化石燃料を進めるには、蓄電技術の圧倒的な進化が必要で、それにはまだ、あと数十年待たなければならない。

脱化石燃料と並行して、近い将来の脱大型原発、小型原発に移るというステップを確実に踏んでいくことが、50年後を見越した日本のエネルギー政策なのだ。それまでは当面、今ある原発を利用していくしか道はない。

ここまで述べてきた流れを整理しよう。

- 2016年→2020年　脱大型原発と小型原発へ向かう法整備、反対派とのイデオロギー闘争などの準備期間、設計期間。既存原発をできる限り稼働させる。
- 2020年→2030年　小型原発設置開始。大型原発順次停止、廃炉を進める。同時並行して、脱化石燃料のピッチをあげる。
- 2030年→2050年　脱化石燃料の完成。同時に脱原発も進めて、再生エネのシェアを増やすための蓄電技術の向上、電気自動車の普及を進める。
- 2050年以降　脱原発完成。日本の総エネルギーの大部分を再生可能エネルギーでまかなうようになる。

さて、原発をあと20年程度は動かし続けるとすれば、改めて耐震構造の厳しい再点検は必要だ。熊本地震クラスの震度7や8の揺れが複数回連続しても、耐えられるようにしなければならない。

2016年4月、熊本県益城町を中心とした熊本地震の震源域から、もっとも近い原発は鹿児島県川内であり、距離は約100キロメートルだった。福島原発事故以来、規制基準が非常に厳しくなった中、それをクリアして再稼働している全国43基の中で唯一の原発だ。当然、熊本地震でも日本中の原発稼働反対派、慎重派、さらには一般の人たちからも「この際、一時的川内原発を停止すべきだ」という声が数多く九州電力に寄せられたという。

筆者はそこで九州電力の関係者から、どういう状況かを詳しく聞いた。その前に、問題の原子力規制庁が今回の地震と川内原発稼働をどう判断したかを見てみよう。

2016年4月28日に発表された見解によると、熊本地震で、川内原子力発電所で観測された最大の揺れは、数ガルから十数ガル程度。原子炉を自動停止させる設定値である80から260ガルに比べて小さいものだったという。

そして、こう文書で述べた。

「川内原子力発電所の新規制基準適合性審査では、今回地震が発生している布田川《ふたがわ》断層帯と日奈久《ひなぐ》断層帯の2つの断層帯が連動して、一度に動くことを想定し、長さ92・7キロメートル、マグニチュード8・1とし、発電所に与える地震の影響は100ガル程度と評価しています（今回の最大はマグニチュード7・3）。また、詳細な調査の結果、川内原子力発電所の敷地内に活断層の存在は認められていません。しかしその上で、あえて活断層が存在すると仮定して、『震源を特定せず策定する地震動』についても評価し、最終的に620ガルという基準地震動を設定しています。この地震動に対しても、安全上重要な設備の機能が損なわれないことを審査会合において確認しています。このように、地震によって原子力発電所の安全性が損なわれないよう審査において確認していますが、引き続き地震の状況を監視し、原子力発電所の状況について情報発信に努めるとともに適切に対応していきます」

ガルとは加速度の単位。目安としては震度7で400ガル以上。阪神淡路大震災は600～800ガル。つまり今回の原子力規制委員会の発表のポイントは、阪神淡路大震災級の地震が直撃しても耐えられる基準で作られている。しかも、そこまでの振動がない260ガルで原子炉は自動停止する仕組みになっている。今回、もしさらに激しい地震が発生したとしても川内原発への影響は100ガル程度。だから一時的にもストップする必要はなかったわけである。

さらに筆者が九州電力関係者にヒアリングしたところによると、今度の地震で川内原発で記録された揺れは8・6ガル。震度3程度だった。

そもそも自動停止できるよう作られている原発を、熊本地震が起こったからとストップするのはナンセンスとしか言いようがない。何かと批判される原子力規制委員会も、今回は冷静な判断をしているといえよう。なお、2016年7月に初当選した鹿児島県の三反園訓《さとし》知事は、8月下旬にも九州電力に対して再稼働中の川内原発の一時停止を要請する考えを示した。三反園知事がどんな要請をしようが、10月には定期検査のため川内原発は停止する。都道府県知事には、原子力発電所を停止させる法的権限はない。日本は法治国家のはずだ。

いずれにしても今の日本で、脱大型原発を進め、小型原発に移行を始める時期は、順調にいっても2030年ごろ、あと14年はかかる。さらに脱化石燃料が完成するには2050年、少なく見積もってもあと30年は必要だ。

となると、その間、日本はシーレーンを守りきらねばならない。化石燃料を最短距離で運べる南シナ海、東シナ海での中国の台頭を牽制し、さらにはアメリカの対テロ戦争にも協力しつつ、世界のエネルギー覇権がどうなるか、大国中国やロシアの出方を分析して、対応策を考えていかなければならない。

航行の自由をタテに日本を揺さぶる中国

日本の国土面積は約37万7900平方キロメートルで世界第60位。しかし領海・排他的経済水域（EEZ）は約447万平方キロメートルあり、世界第6位の広さだ。その領海とEEZに、豊富なエネルギー資源や鉱物資源が存在していることが最近、次々と確認されている。海底熱水鉱床、メタンハイドレートを含む資源の額はなんと300兆円相当といわれている。

その意味で2016年4月、台湾との間でにわかに巻き起こった沖ノ鳥島論争は、日本の将来のエネルギー確保、そして軍事的意味合いからも極めて重要だ。

「沖ノ鳥島は単なる岩だ」

台湾の馬英九総統が、日本の海上保安庁が違法操業していた台湾の漁船を拿捕したことに反発し、こう発言した。そして、台湾の海岸巡防署（海上保安庁に相当）の巡視船など計2隻が同年5月1日、南部の高雄から同島沖に向け出航した。周辺で漁民保護活動にあたるという。

「この台湾の強行発言と行動の背景には5月20日に民進党・蔡英文政権の発足を控えていたことがある。馬政権の対日強硬姿勢の背景には、親日的とされる次期政権を牽制する狙いがあるが、これに喜んでいるのは前から島と認めないと大騒ぎしている中国だ」と外務省関係者。中国外務省の華春瑩《かしゅんえい》報道官は4月29日、馬総統発言を受けて「（沖ノ鳥島周辺に）日本のEEZが存在するという主張は不当であり認められない」と述べた。

華氏は、沖ノ鳥島をわざと「沖ノ鳥礁」と呼び、人の居住や経済活動を維持することができない岩礁でEEZは設定できないと改めて主張。中国は2003年に韓国とともども日本の「島」の主張に異議を唱えている。南シナ海、東シナ海などへの強引な海洋進出を行う中国はこれまでも沖ノ鳥島について「岩にすぎない」とし、沖ノ鳥島のEEZに海洋調査船を頻繁に航行させている。その根拠は以下の国連海洋法条約に基づく。

「島とは、自然に形成された陸地であって、水に囲まれ、高潮時においても水面上にあるものをいう（第121条第1項）、人間の居住又は独自の経済的生活を維持することのできない岩は、排他的経済水域又は大陸棚を有しない（第121条第3項）」

同条約には、島に関する以下のような条文も定められている。

「人工島、施設及び構築物は、島の地位を有しない。これらのものは、それ自体の領海を有せず、また、その存在は、領海、排他的経済水域又は大陸棚の境界画定に影響を及ぼすものではない（第60条第8項）」

沖ノ鳥島は東京から1740キロメートル、硫黄島から720キロメートル、フィリピン海プレートのほぼ中央、九州・パラオ海嶺上に位置する。南北約1・7キロメートル、東西約4・5キロメートル、周囲約11キロメートルほどのコメ粒形をしたサンゴ礁の島で、小笠原諸島の一部として東京都小笠原村に属している。日本は1988年から北小島及び東小島に鉄製消波ブロックの設置とコンクリート護岸を施し、東小島にはチタン製防護ネットを被せて保護している。

この沖ノ鳥島が島と認められなくなったら、どうなるか。

沖ノ鳥島があることで、日本のEEZは日本列島より大きい約40万平方メートルの面積となっている。この海域のEEZを失えば、海底に眠るレアアースや貴重なエネルギー資源が中国に奪われ、今回の台湾の漁船のように、水産資源も乱獲されるおそれがある。

そして中国軍の船が自在に沖ノ鳥島やグアム周辺に航行するようになれば、軍事的に不安定化する。なぜなら小笠原諸島と米領グアム島は、中国海軍が2020年代までに制海権を確保しようとしている第二列島線に位置するからだ。日本のシーレーンのところで説明したように、中国は最終的にはグアム島まで米軍を退却させるのが目標だ。沖ノ鳥島近海を中国海軍の艦艇や潜水艦を自由に航行させる「庭」にしようとする狙いが、「岩」論のベースにある。

しかし、中国の主張には矛盾もある。

というのも中国は、南シナ海の南沙諸島で、沖ノ鳥島と同様のジョンソン南礁（赤瓜礁）について、岩礁自体に他国と領有権争いがあるにもかかわらず、周辺に人工建造物を一方的に造成してEEZを主張しているからだ。

前記したフィリピン沖のスカボロー礁を中国の領土と主張し、埋め立てを強行しようとしている問題も、沖ノ鳥島と似ている側面もある。ただし、スカボロー礁は中国のものと確定しておらず、フィリピンが激しく領有権を主張している。その点、沖ノ鳥島の領有権は日本で確定していて、さらに国連でも「島」と認定しているのだ。今のところ中国、台湾、そして韓国の異議は難癖以外の何物でもないが、日本は備えを固める必要がある。

日本政府は2010年、沖ノ鳥島の法整備を閣議決定して、750億円をかけて沖ノ鳥島に、特定離島港湾施設を建設中である。

これまで述べてきたように、わが国最大の脅威であるがゆえに、平和的関係の構築と維持が何としても必要なのは中国である。

中国は九段線論をふりかざし、南シナ海の海洋権益を絶対に放棄しない。アメリカがあきらめるまで既成事実を積み上げる。そして、その次は東シナ海を押さえにかかる。

オバマ政権のアメリカは中国に対し、南シナ海、東シナ海での「法の遵守」「航行の自由」を主張したが、新大統領がクリントンになろうが、トランプになろうが、自国のエゴを優先させ、内向き志向になっていくことに変わりはないだろう。

クリントンはTPP反対に立場を変えたし、トランプは在日米軍の駐留費の全額負担を日本に要求するといい、メキシコとアメリカの間に壁を築くと叫ぶ。どちらに転んでも中間層が解体し、格差が拡大しているアメリカ国民は内向きになっており、大統領もポピュリズムに走らざるを得ない。日米同盟も変質しており、米軍だけに一方的に日本を守ってもらうことは、もはや期待できない。

アメリカの出方次第で、中国は南シナ海、東シナ海で一気に領土を拡大する挙に出る可能性が高くなる。例えば東シナ海で中国が力による現状変更を試みた場合、日本は軍事的対抗措置を取れるだろうか。とてもその気力はないのではないか。

中国の強硬姿勢と日本の弱気を象徴する出来事が、2016年6月9日に起きた。午後11時ごろ、官邸、外務省、防衛省は一斉に緊迫感に包まれた。政府関係者の声。

「尖閣接続水域に中国の軍艦・ジャンカイI型フリゲートが接近中との急報が入った。海上自衛隊護衛艦『せとぎり』が、フリゲートにどこへ向かっているのかと呼びかけましたが応答はありません」

外務省はただちに北京の日本大使館に連絡、中国側に接続水域に向かわないよう抗議した。しかしフリゲートの接近は止まらない。

「今、接続水域に入ったのを『せとぎり』が確認、監視中」

9日の0時50分ごろだ。ただちに官邸には『中国海軍艦艇の動向に関する情報連絡室』が設置され、安倍晋三首相にも一報がもたらされた。それと同時に外務省の石兼公博アジア大洋州局長が劉少賓在日中国大使館次席公使に電話で抗議した。しかしフリゲートはそのまま進む。

「このまま、フリゲートが日本領海に入ったらどうなるか。いままで中国公船が領海内に入ってきたことはあったが、今回は軍艦だ。当然、自衛隊は海上警備行動を取っただろう。軍と軍がぶつかりあえば、どちらも引くことができず、不測の事態が引き起こされる可能性があった。そこで領海内に入る直前、外務省の斎木昭隆事務次官が最後の思い切った行動に出たのです」（前出政府関係者）

斎木事務次官は9日、午前1時30分すぎ、在日中国大使館の程永華大使を外務省に呼んだのだ。そして程大使が午前2時ごろ外務省に来ると、程大使に「中国の行動は一方的に緊張を高めるもの」と重大な懸念を伝え、ただちに接続水域から出るよう強く求めた。これに対し程大使は「釣魚島（尖閣の中国名）は中国の領土であり抗議は受け入れられない」と原則論で応じた。しかし、程大使は同時に「しかし緊張がエスカレートすることは望まない。抗議があった旨は本国に伝える」とした。

「程大使も軍艦が日本領海に入れば海上警備行動が発令されるのは必至と捉え、衝突すればどうなるか分からないという切迫感を抱いたようです。そしてただちに中国本土に連絡したようです」（同）

斎木事務次官と程大使の深夜の会談から約50分後、中国海軍は日本の領海には入ることなく接続水域外に出た。

今回は一触即発寸前で、事態がかろうじて止まったが、中国のこの大胆な行動をどう読めばいいのか。

「直前にシンガポールで開かれていたアジア安全保障会議で、中国はアメリカや日本から法と原則を守るべきと厳しい批判を浴び、相当反発していた。さらに、それと前後して北京で開かれた第8回米中戦略・経済対話でも、アメリカのケリー国務長官が、南シナ海での航行の自由と南シナ海の中国の領有権主張をフィリピンが常設仲裁裁判所に国際法違反として提訴した件で判決が出た時は、それを遵守するよう強く要請したことに中国は強く反発していた。尖閣で唐突なギリギリの行動に出たのは日米を激しく牽制、中国はやるときは決然として実行すると威嚇したと思える」(同)

つまり、かつてスカボロー礁に多数の中国軍艦と監視船を送り、フィリピン側はなすすべもなく、力で実効支配したことを、隙あらば尖閣諸島で、いつでも実行するチャンスを狙っているという姿勢を行動で証明したわけだ。

アメリカの腰が引け、そして日本に戦う気力がないとみれば、ただちに尖閣、沖ノ鳥島、南鳥島、さらに沖縄に乗り込んでくる。

今、日本国内では沖縄の普天間基地の辺野古移転計画が大きな抵抗運動に直面し、進まない。しかし最も肝心な議論が日本人のノーテンキな頭からすっぽりと抜け落ちている。アメリカの海兵隊が沖縄にいるからこそ、２０１６年6月の中国軍艦の行動も、そこで止まったのだ。アメリカ軍が撤退したり、兵力を削減すれば、ただちに尖閣諸島の実効支配に乗り出してくるのは、火を見るより明らかだ。

「しかも中国は、その予行演習をしている。中国行政側の公船は四六時中、尖閣の接続海域にやって来て、隙あらば領海内に入っている。巧妙なのは、公船といっても中国の軍艦を塗り替えレーダーをはずしただけのもの。つまりいつでも突入できるように、どういうコースを行けば最短で侵入できるのかシミュレーションをしているのだろう。つまり表向きは軍艦でないから問題ないとしつつ、軍事侵攻のシミュレーションをしている。恐ろしい連中だ」(同)

中国の「日本侵略予行練習」はわずか6日後の6月15日にも発生した。中国海軍の艦艇が鹿児島県の口永良部島周辺の領海に入ったのだ。

防衛省によると、同日午前3時30分ごろ、中国海軍のドンディアオ級情報収集艦1隻が、口永良部島西方の領海を南東に進むのを海上自衛隊のP３C哨戒機が確認。午前5時ごろ、鹿児島県の屋久島南方から領海を出た。琉球群島は中国のもの、というメッセージだったのかもしれないが、この情報収集艦による領海侵入は、アメリカが南シナ海で展開している「航行の自由」作戦を、中国海軍が逆手に取る形で日本に仕掛け、日米を牽制したものと考えられる。

アメリカ軍はこれまで、南シナ海のスプラトリー諸島で、中国が軍事拠点化を進める人工島の12カイリ内に駆逐艦を航行させる「航行の自由作戦」を断続的に実施してきた。すなわち、アメリカは人工島周辺を領海と認めず、「公海における航行の自由は基本原則であり、これを守る義務がアメリカ海軍にはある」という理屈である。

国連海洋法条約は、外国船舶が秩序や安全を害することがない限り、他国の領海を通行する無害通航権を認めている。アメリカ軍は、これを行使していると主張する。中国国防省は今回の行動について、「(屋久島、種子島と奄美群島付近の)トカラ海峡は国際的な航行に使われる海峡であり、中国軍の艦艇が通過することは、国連海洋法条約が規定する航行の自由の原則に合致している」と、無害通航権を持ち出した。アメリカの論理をそっくりまねたものである。これに対し、日本は電話で中国側に懸念を伝えただけで終わらせた。このまま沈黙を保つなら、東・南シナ海での中国海軍の活動のさらなる活発化を許すことになる。

中国は海洋進出を絶対に止めない。接続水域から一挙に領海に踏みこんでくる。むしろ南シナ海でアメリカが牽制するほど、東シナ海で日本を揺さぶり、日米同盟にくさびを打ち込もうとするはずだ。

日本にとってさらに深刻なのは6月17日、中国軍機が東シナ海の南西諸島周辺の上空で、スクランブル（緊急発進）した航空自衛隊機に対して近距離から攻撃動作を仕掛け、空自機が回避行動をとる事案が発生したことだ。これは6月28日になって空自の元空将がインターネット上で明らかにしたが、萩生田光一官房副長官は29日の記者会見で、「攻撃動作をかけられたという事実は確認していない。書かれた内容は遺憾だ」と否定。すると7月4日、中国国防省は「急速に接近し、火器管制レーダーを照射したのは日本の戦闘機」と逆に日本を非難した。

「こうやって徐々に間合いを詰めていく。最後は一気にくるのではないかと大変緊迫している」（同）

日本のF15が本当に後ろを取られ、回避・離脱したとなれば、もはや中国軍のスホイ30に対して制空権は守れなくなったとみていい。制空権を守れなければ海も守れない。制空権を前提に対潜哨戒機を飛ばし、尖閣や海上を守っているのだ。6月の接続水域の軍艦侵入から領海侵犯、戦闘機異常接近の一連の事案は、中国軍による尖閣奪取の綿密な計画に基づいたシミュレーションの一環として、日本側の能力や対応を探りにきたのである。

大国が撤退したら一挙に侵入する中国のやり方の先例は、先のフィリピンの米軍基地だけではない。ベトナムとの係争地である西沙諸島は、インドシナ戦争でフランスが撤退するとちょっかいを出し始め、アメリカがベトナム戦争後に引き揚げると、ほどなく軍事占領した。南沙諸島もベトナムのソ連軍が引き上げた直後に実効支配している。沖縄から米海兵隊が引き揚げた瞬間に尖閣を奪取し、沖縄を〝独立〟させるのは明らかだ。

南シナ海を押さえることで、日本のシーレーンの生殺与奪《せいさつよだつ》の権を握ることも、中国の大きな狙いである。

中国の日本買い占めの具体的証拠

軍事行動以外にも、中国はボディーブロー作戦で日本に浸透しつつある。人や資本を送りこみ、日本の資源や資産を買収する。例えば民間企業の経済活動に偽装して、日本の土地や水源を買い占め、国内から浸透し、日本人の抵抗力を弱めようとしている。

事実、北海道などでは中国資本の買い占めが次々と起きている。

例えば、東京ドームの213個分、約1000ヘクタールを超える総合リゾート施設が広がる「星野リゾートトマム」（占冠村）が、中国の商業施設運営会社「上海豫園旅游商城」に買収されたのは2015年秋だ。買収額は約183億円。上海豫園旅游商城の大株主は、上海の中国民営投資会社「復星集団」（フォースン・グループ）。復星集団は日本での不動産投資を積極的に進めているとされる。

地元では寝耳に水と驚愕した。星野リゾートから事前にあまり相談されなかった地元では「水の問題と乱開発が恐ろしい」という声が相次いでいる。というのもトマム地域は水資源保全地域に指定されていない。それを見越したように中国企業はトマムの水源地も買収している。買い占めはトマムだけではなく、隣のリゾート地「サホロリゾートエリア」（新得町）で宿泊施設を所有するフランスのリゾート施設運営会社「クラブメッド」も買収した。日本の誇る二大リゾート地が政府も知らぬ間にアッというまに中国資本の手に落ちてしまったのだ。中国資本の動きはきわめて活発だ。

「同じ北海道の日高山脈の幌尻岳の東にある拓成町では東京ドーム100個分を超える

500ヘクタールの農地が中国資本に買収され、その周辺でも次々と農地が買い占められている。国定公園のニセコの近くの喜茂別町では破たんしたゴルフ場が中国資本に買い占められ中国人しかプレーできないプライベートゴルフ場になってしまった。そして、その周辺一帯が中国人しかいないチャイナタウン化しつつある。こうした動きは北海道だけではない。過疎に悩む九州でも、山陰でも、さらには長野県でも起こっている。事を重視した国でも実態調査に乗り出しているが、ダミーで日本企業が購入しているケースもあるので、その全貌は把握しきれていないというのが正直なところでは」と不動産関係者。

ちなみに林野庁が2006年から2014年、さらに2015年と16年に、外国資本に買い占められた日本の森林面積と件数を公表している。最新の数字として掲載する。

2006年～2016年の中国資本による日本の森林買収

北海道	95件	1126・1ヘクタール
山形県	1件	1ヘクタール
栃木県	1件	1ヘクタール
群馬県	2件	44・1ヘクタール

千葉県	1件	0・18ヘクタール
神奈川県	8件	10ヘクタール
山梨県	1件	0・06ヘクタール
長野県	3件	4ヘクタール
兵庫県	1件	2ヘクタール
岡山県	1件	48ヘクタール
福岡県	1件	0・2ヘクタール
沖縄県	1件	5ヘクタール
日本全国合計	116件	1232ヘクタール

しかし、右の数字は林野庁が調査して判明した範囲に限られる。日本企業を買収してその看板のまま取引するケースもあり、林野庁の調査が及ばない数値が埋もれている可能性は否定できない。いずれにしても中国は、近年北海道に執着していることが明白だ。

日本で買い占め活動をする中国企業の背後には中国共産党がいると考えたほうがよい。

中国企業の対外直接投資は、第三国や地域（香港、英領バージン諸島、ケイマン諸島）経由によるものが多く、全体像の把握は難しいが、中国国際貿易促進委員会と日本貿易振興機構（ジェトロ）によれば、２０１５年６月末現在の中国の対日投資残高は16億７０００万ドル（約２０７７億３１３０万円）に達し、年々増加しているという。産業別にみると、投資先は製造業から金融サービス、通信、ソフトウエア、ネットワークなどのハイテク分野に拡大している（「人民網日本語版」２０１５年７月21日）

以上のように、中国は強大な軍事力と資本力を背景に、さまざまな手を尽くしてチャンスをうかがう。民間の経済活動を装い、日本の国内の土地や水源を買収し、日本企業を買収・支配し、中国と争えば日本が経済的に不利になるという世論戦の準備を整えている。いずれ機が熟せば軍事力の脅しとあわせて、内部から日本社会をコントロールしようとするだろう。

こんな時に、米海兵隊撤退とか、辺野古移転反対やオスプレイ反対などと言っている場合ではない。米軍基地反対の人たちは、今回のように中国軍艦が侵入しても、何の文句も言わないものだ。

政治とは、国家の非常時に、強権を発動するために存在しているという一面がある。今の日本では制度的に不可能ならば、一刻も早く法改正しなければならない。安倍政権も改憲の前に、まず危機管理体制を確立することが急務だ。備えを固めなければ中国の侵略は加速していく。

つまり、総理の権限を大きくすることだ。筆者は、その時々の風やムードによって300議席が移り変わる、政権交代を目的として小沢一郎氏が進めた小選挙区制度は失敗だったと考える。また、それに乗じて郵政改革一点張りで勝った小泉純一郎元総理のワンフレーズ政治も政権を不安定にした。小沢、小泉流の『小・小政治』は間違っており、マスコミ論調が「反安倍」ばかりに染まっているのも、彼らに政権交代の甘い夢を見せてしまった選挙制度の弊害だろう。

日本を取り巻く国際環境が厳しさを増し、平和が危うくなる現在、求められるのは政治の安定である。『小・小政治』時代にできた悪法を撤廃し、安倍総理と公明党の山口那津男代表の与党コンビで『安・山政治』の安定政権を築くことだ。

政治の安定がなければ、まともなエネルギー政策など望むべくもない。国家百年の計に基づいて、化石燃料依存からできるだけ早く脱却し、安く安定したエネルギーを確保するために脱大型原発と小型原発へのシフトを実現する。政治がトップダウンで決断・実行しなければ、イデオロギーを信奉する声の大きな少数派に負けてしまう。

イデオロギーは庶民の生活を守り向上させるよりも、政治的自己満足の道具になっている。戦後日本の政治は、左派のイデオロギーに振り回されてきた。日本が国際社会に復帰したサンフランシスコ講和条約反対（全面講和論）から始まって、岸内閣を倒した安保条約反対論、原子力空母寄港反対運動や成田空港反対運動、湾岸戦争への支援反対、ＰＫＯ派遣やイラクへの自衛隊派遣反対運動、秘密保護法反対や安保法制反対運動など、いつも同じ構図だ。原発反対のイデオロギーを見ても分かるように、問題の本質を論理的に理解するのではなく、まず「危険だから反対」という問答無用の結論が先にあり、時の政権を攻撃し、倒すことだけが目的になっている。そんな声の大きい少数派に唯々《いい》諾々《だくだく》と従っていたら、国民のための政治など、いつまでたってもできるはずがない。ある程度トップダウンで政治を進められるように、選挙制度の再改革から、国家安全保障法の整備、少なくとも領域警備法の制定まで、自民党、公明党で衆院で3分2を超える議席をもっているうちに、有事に対応できる統治機構を確立しなければ、手遅れになる。

世界情勢の急激な変化に追いつくために

国際政治では、グローバリズムの反動で、テロとの戦いが戦線を拡大し、第二次大戦後の秩序が崩壊に向かい、国境線の変更が始まっている。移民・難民問題への対応に苦慮する欧州では、イギリスがＥＵ離脱という挙に出た。

２０１６年６月23日、イギリスで行われたＥＵ離脱か残留かをめぐる国民投票において、４６５０万１２４１人の有権者のうち、１７４１万０７４２票（51・9％）が離脱を選択し、１６１４万１２４１票（48・1％）の残留派と１００万票前後の僅差で、離脱が選択された。これにより、イギリスは１９７３年に加盟したＥＵから脱退することが決定した。

イギリスとＥＵの対立は、イギリス移住者が毎年20万人から25万人も増えたことに起因する。ＥＵ域内の人の移動の緩和策は２００４年から始まり、ポーランドやルーマニアからの移民はロンドン周辺部を中心に３００万人に達した。社会保障制度の整った国を目指す移民の子弟が学校に溢れ、医療や失業など各種給付の負担増が政府にのしかかった。

移民たちは安い賃金で働くため、特に単純労働に従事するイギリス人労働者は職を奪われたと感じた。そして東欧移民の犯罪は倍々ゲームで増えていた。大量の移民は、２０１５年１月のフランスの風刺新聞「シャルリエブド」襲撃事件や、同年11月にＩＳが引き起こした死者１３０名、負傷者３００名以上を出したパリ同時多発テロ事件、16年３

月に起きたベルギーでのテロで、実行犯たちがシリア難民として欧州に紛れ込んでいたという報道とあいまって、イギリス国民は『次は俺たちの番だ』と怯えた。我慢していた人々も一斉に移民敵視の姿勢に転じ、国内で拡大していた格差問題もからみ、移民を押し付けてくるEUに反発する国民感情が一気に爆発した。

イギリスに続く「次の離脱国が出現するのでは」とEU各国は動揺している。欧州各地で反EUの動きが活発化している。

例えばイタリアの首都ローマでも、2016年6月、EU加盟に批判的な新興政党「五つ星運動」所属で弁護士出身の37歳の女性弁護士、ビルジニア・ラッジ氏がダブルスコアで初の女性市長となった。ローマではレンツィ首相率いる中道左派の国政与党・民主党系の市長が汚職疑惑で辞任。政治の腐敗に対して市民の怒りが強まっていた。五つ星運動はEUが課す厳しい緊縮財政に反発、EUに対して批判的な態度を取っている。

スペインでは反EUを掲げる急進左派「ポデモス」が同年6月26日の下院選で71議席（定数350）を獲得。ハンガリーではEUの難民割り当て策への賛否を問う国民投票が10月2日に実施されるほか、フランスの国民戦線、オランダの右派「自由党」など、欧州各国では内向きの姿勢、移民排斥の動きが拡大している。

これも国際的なテロ組織が移民にまぎれて欧州に入り込み、無差別攻撃を仕掛けてきたことが大きな原因だ。それこそＩＳの仕掛けた新しい形の戦争に翻弄されているわけだ。

イラクでは、米軍などの空爆の支援を受けた政府軍のＩＳ掃討作戦で国内の最大級拠点だったファルージャを奪還、そしてモスルも政府側が奪還する勢いだ。アメリカもイラクも「ＩＳはかつての力はない。彼らの殲滅の日も近い」と勝利宣言をしている。しかし、これで終わりではない。ＩＳは難民に紛れて脱出し、反撃のためのテロを連続的に仕掛けている。その証拠が、冒頭にも触れた２０１６年６月から７月のラマダン期間の波状テロ攻撃であった。その後もフランスでは花火見物をしていた人々にトラックが突っ込み、84人の死者を出すテロ、キリスト教会に立てこもり、神父を殺害するテロなど、ＩＳ支持者の若者が個別に起こす事件が後を絶たない。

ＩＳは追い詰められるほど、テロを呼びかける。標的は欧米だけでなく、日本人が再び狙われる可能性も高い。中東で混乱が増せば、彼らの思う壺である。イランやトルコ、サウジアラビアの政局が今後どこまで安定するかが試金石だ。

エネルギー覇権の話に戻れば、アメリカやロシア、ヨーロッパ各国の中東での動きだけでなく、筆者は最後に、あえて隣国の大国、中国の動向にもっと注目すべきだ、と言いたい。貪欲な消費のパワー、軍事力の急激な伸び、エネルギー資源確保にかける中国の危機感と意欲は恐るべきものがある。呑気な日本人は完全に凌駕されている。

原発ひとつとっても、中国は今後10年で70基から100基の原発を建設し、海上原発も20基設置する予定だ。つまり13億の民が、もう少しずつ豊かになるためには、エネルギー資源が今の数十倍も必要なのだ。軍事力の増強で、必要な化石燃料も増える。経済を動かし、いつでも軍事行動を起こすエネルギー資源のストックが欠かせない。

米中のはざまで、日本のエネルギー政策の腰は定まらない。このまま原発をどうするかの決断もできず、化石燃料の確保で右往左往しているうちに、「買い負け」が目前に迫ってくる。

世界のエネルギー需要は、今後さらに伸びていく。エネルギーを安定確保できる国は100年の未来が開ける。アメリカで誰が大統領になろうとも、エネルギー利権を確保し、さらに次の危機に備える貪欲さは変わらない。中国もしかり、インドしかりだ。

アメリカのエネルギー情報局は2016年5月、2040年までの世界のエネルギー消費量の見通しを発表した。それによると世界の2012年から2040年にかけての消費量は毎年1・2%ずつ増加し、48%も増加する。そのうち産業部門でのエネルギー消費量が最大で、全体の過半を占めるという。では2040年のエネルギーのシェアはどうなる見通しか。再生可能エネルギーなのか、原子力なのか。どちらでもない。2040年になっても化石燃料が依然としてエネルギー供給量の4分の3を占める見通しなのだ。その中でも天然ガスの成長が最も速く、2040年には石炭を超えて世界第二位の供給量になるという。さらに現行の政策と規制のままでは、世界のエネルギー起源のCO2排出量は2040年までに34%増となり、地球環境の危機が増幅されるという。

アメリカはエネルギー自給をシェールガス／オイルで達成したことは述べたが、それでも国家戦略として世界中の資源権益に触手を伸ばしている。日本はアメリカだけ、日米同盟だけを見て、外交や貿易交渉をする時代ではない。中国を敵視するあまり、過小評価してはならない。「崩壊論」ばかり語って、中国のポテンシャルを侮っていると、やられてしまう。

中国の圧力を受け止めながら、力による正面衝突を避ける知恵が求められる。日本は自動車でも原発でも、他の産業分野でも、中国の影響力と存在を抜きにして21世紀を生き抜くことはできない。例えば小型原発の開発ではアメリカの顔色をうかがうばかりでなく、フランスや中国の海上原発の開発状況をつぶさに研究して、その優れた部分をまねすればいい。トルコやイランのように、あらゆる方面との外交を積極的に展開していかなければ、世界の新しい動きにどんどん置いていかれてしまう。

本書で述べてきたように、14年後の2030年、34年後の2050年の脱原発・脱化石燃料の目標を具体的に立てて、着実に実現していくためには、国家のエネルギー政策を早急に決断し、内外に打ち出していくことが不可欠だ。

世界のエネルギー需給の見通しと「買い負け」の現実味、資源価格不安定化への備え、シーレーン防衛、そして小型原子炉の実用化など、各国の思惑を踏まえて危機に備える現実的な発想の転換が必要だ。現状の日本では、エネルギー安全保障は崩壊する。自力で新しいエネルギー戦略を打ち立てなければ、過酷な国際政治の中で生き残ることはできない。

（了）

【著者略歴】

上念司（じょうねん　つかさ）

経済評論家。１９６９年東京都生まれ。中央大学法学部法律学科卒業（在学中は日本最古の弁論部、辞達学会に所属）。日本長期信用銀行、臨海セミナーを経て独立。２００７年より経済評論家・勝間和代氏と株式会社「監査と分析」を設立。著書に『経済で読み解く明治維新』（ベストセラーズ）『財務省と大新聞が隠す本当は世界一の日本経済』（講談社プラスアルファ新書）ほか多数。

グループ新霞ヶ関

１９９０年〜９４年入省の経済産業省ＯＢ、現役課長、資源エネルギー庁中堅幹部、５人からなるグループ。主に経産省産業技術環境局、同商務情報政策局、内閣府（規制改革推進室）などで電力・ガス、企画政策分野に従事。化石燃料に依存し続けるわが国の電力事情、今後の原発政策、再生可能エネルギーへのシフトと、今後の国家存立の根幹となる政策転換を訴えるべく、本書のためにそれぞれの専門分野から、大胆な提言を行った。

2030年の世界エネルギー覇権図
アメリカの新戦略を読み解く

2016年10月15日　第1刷発行

著　者　上念司／グループ新霞ヶ関

発行者　土井尚道
発行所　株式会社　飛鳥新社
〒101-0003 東京都千代田区一ツ橋2-4-3　光文恒産ビル
電話（営業）03-3263-7770（編集）03-3263-7773
http://www.asukashinsha.co.jp

装　幀　大谷昌稔（大谷デザイン事務所）
図版作成　（有）ハッシイ

印刷・製本　中央精版印刷株式会社

© 2016 Tsukasa Jonen, Printed in Japan
ISBN 978-4-86410-513-2

落丁・乱丁の場合は送料当方負担でお取り替えいたします。
小社営業部宛にお送りください。
本書の無断複写、複製（コピー）は著作権法上の例外を除き禁じられています。

編集担当　工藤博海